まずはこの本から！

はじめての人の
決算書

公認会計士・税理士
足立武志 著

入門塾

かんき出版

はじめに

　決算書ってなんだと思いますか？　簡単にいうと、決算書とは「会社の今の状況を"お金"という共通のものさしを使って客観的にあらわすもの」です。

　決算書が読めるようになると、いいことがたくさんあります。自分の会社の決算書がわかれば、会社の強みや弱みが見えてきます。ライバル会社や取引先の状況もわかりますから、これからすべきことは何か、会社は今後どんな方向に進んでいけばよいのかが見えてきます。

　株式投資を行うときにも、決算書の知識が不可欠です。経済の動きがよくわかるようになるので、チンプンカンプンだった経済ニュースもこわくはありません。

　でも、「決算書は難しい」と思ってあきらめている人もいるのではないでしょうか？

　確かに、決算書は専門用語と数字のオンパレードで、「これまで決算書の本に何度も挑戦したけれど、結局読みこなせなかった」という人も多いことでしょう。

　本書は、そんな人のために、誰もが楽しく、簡単に読めてわかりやすい入門書を目指して執筆をスタートしました。

　本書の特長は次の3つです。

1．ストーリー仕立てで楽しく読める
2．重要な点にポイントを絞って解説している
3．決算書のどの部分を説明しているのかが一目でわかる

1．本書は、はちみつとはちみつ関連商品の販売を行う㈱はちみつベアーを舞台に、ストーリーを展開していきます。

㈱はちみつベアーの経営状態はどうなっているのか？　アオイちゃんとテッペイくんという、決算書の知識ゼロの社員は、一体どんな成長を遂げるのか？

そんなストーリーを追っていくうちに、自然と決算書の知識が身につくはずです。

各ＰＡＲＴの冒頭にマンガを入れて全体像が簡単につかめるようにしています。かわいいイラストとともに、楽しみながら読んでください。

2．決算書は奥深いものです。初めからすべてを理解しようとすれば、たちまち消化不良を起こしてしまいます。

おさえておくべき重要なポイントというのは、実はそれほど多くありません。本書では最低限理解しておきたい内容に絞って解説しています。本書をマスターすれば、細かい部分を知らなくとも、本当に大切な「決算書の要」を理解することができます。

3．決算書には、専門用語と数字がズラズラと並んでいます。ここから必要な部分を見つけ出すのは、初心者にとっては至難の業です。本書では、決算書のどの部分を見て、どの部分を使えばよ

いのか、一目でわかるようになっています。
「今どこの説明をしてるの？」なんてことはありませんので、安心して読んでください。

　決算書がわかるようになれば、あなたの世界は大きく広がり、より広い視点で、仕事や会社、経済や世の中を見ることができるようになるでしょう。
　本書が、あなたが決算書を理解するための一助となることを、心より願っております。

2007年4月　著者

はじめての人の決算書入門塾 もくじ

- はじめに……3
- 登場人物紹介……15
- ㈱はちみつベアーの決算書一覧……16

PART 1 決算書ってなんだろう？

決算書って何？
1年間どんな成果をあげてきた？　決算書は会社の成績表……28
- ◆ 基本がわかれば決算書は簡単！
- ◆ 決算書は会社の成績表
- ◆ 決算書はどこで手に入る？

決算書はなぜ必要？
決算書は「お金」という単位で 会社の状況を客観的にあらわす……30
- ◆ 会社の経営にはお金がかかる
- ◆ 決算書は会社を「お金」というものさしで分析する
- ◆ 決算書にウソがないかチェックを行う

決算書を知るメリット
決算書が読めるとどんないいことがあるのだろう？……34
- ◆ 決算書はもはや社会人の常識！
- ◆ 「デキる社員」になる
- ◆ 取引先の状況がわかる
- ◆ 就職・転職に有利

- ◆ 株式投資に役立つ
- ◆ 経済ニュースがわかるようになる

決算書のいろいろ

損益計算書と貸借対照表で8割OK、キャッシュ・フロー計算書でバッチリ！……38
- ◆ 決算書にもいろいろある
- ◆ 注記にも注目しよう！
- ◆ さまざまな方法をとることで、本当の姿が見えてくる
- ◆ 覚えるのは3つでOK

5つのグループ

5つのグループがわかれば決算書はこわくない！……42
- ◆ 実際の決算書を見てみよう！
- ◆ ポイントは大まかな数字をつかむこと

個別決算書と連結決算書

1つの会社だけの個別決算書、グループ企業ひとまとめの連結決算書……46
- ◆ 赤字を黒字に変えるテクニック!?
- ◆ 時代は連結決算の流れに

PART 2 損益計算書をマスターしよう

損益決算書とは？

損益計算書で会社がどれだけもうけたのかわかる……52
- ◆ 損益計算書は収益と費用で成り立つ
- ◆ 収益から費用を引けば利益がわかる
- ◆ 収益は利益のもととなる収入
- ◆ 費用は利益を得るために使ったお金

損益計算書のしくみ

損益計算書は「収益－費用＝利益」という公式で成り立っている……56

◆ 収益・費用・利益にもいろいろある

売上高
商品を売った金額の合計が利益の一番のもととなる ……58
- ◆ どの時点で売上になる？
- ◆ お金をもらう権利が生じたら「売った」ことになる

売上原価
売った商品は、一体いくらで仕入れたものだったのだろう？ ……61
- ◆ 売上原価は商品を仕入れるためにかかった費用
- ◆ 売上原価の求め方は？
- ● 製造業の売上原価を見てみよう！ ……64

利益① 売上総利益
売上高と売上原価がわかれば「粗利＝売上総利益」がわかる ……66
- ◆ 売上総利益は売上高から売上原価を引く
- ◆ 売上総利益を増やすには？

販売費及び一般管理費
商品を売るためにはいろいろな経費がかかる ……68
- ◆ 社員のお給料から広告費や家賃、交通費まで

利益② 営業利益
営業利益がわかると会社の実力が見えてくる ……72
- ◆ 会社が本業で得た利益がわかる
- ◆ 会社の実力は、営業利益にあらわれる

営業外収益
本業以外にもいろいろな収益がある ……74
- ◆ 本業以外で得た収益が営業外収益
- ◆ 本業と本業以外を分ける理由は？

営業外費用
本業以外でお金が出ていくこともある ……76

◆ 本業以外で生じた費用が営業外費用

利益③　経常利益
通常の活動のなかで会社はどれだけもうかった？ ……78
◆ 普段の活動におけるもうけをあらわす
◆ 営業利益と経常利益の差が大きい会社・小さい会社

特別利益・特別損失
火事、リストラ、資産売却など特殊な事情で発生した利益や損失 ……82
◆ 会社経営には、アクシデントがつきもの
◆ 「収益」「費用」という言葉を使わない理由は？

利益④　税引前当期純利益
税金を引かれる前の利益はいくら？ ……86
◆ 特別利益と特別損失を考慮した利益

税金など
会社にはさまざまな税金を支払う義務がある ……88
◆ 支払うべき税金はいくら？
◆ 税務上の所得と会計上の利益を調整する

利益⑤　当期純利益
当期純利益は会社が1年間で得た最終的な利益 ……90
◆ 当期純利益は最終的な利益

PART 3　貸借対照表をマスターしよう

貸借対照表とは？
資産・負債・純資産の3つから成り立っている ……96
◆ 貸借対照表は会社の財産をあらわしている
◆ 資産・負債・純資産とは？

● 会社には数字にできない価値がある ……97

貸借対照表のしくみ
右側にはお金の調達方法が左側には運用方法が書かれている ……98
◆ 右側と左側の金額は必ず一致する
◆ 資産ー負債がマイナスの会社はとっても危険！

資産と負債
資産も負債もお金になりやすい順番に並んでいる ……101
◆ お金になりやすい順に並べていく
◆ 流動資産と流動負債で会社の安全性がわかる

資産①　流動資産
1年以内にお金にできるのが流動資産 ……104
◆ 流動資産は3つに分けられる
◆ 棚卸資産は多ければよいというものではない

● 引当金は将来に備えるお金 ……109
● 繰延資産ってなんだろう？ ……109

資産②　固定資産
会社の運営のために長期間使用するのが固定資産 ……110
◆ 有形・無形・投資その他の資産がある

● 減損会計ってなんだろう？ ……113

負債①　流動負債
1年以内に出て行くお金「流動負債」とはどんなもの？ ……114
◆ 流動負債には何がある？

負債②　固定負債
1年以上後に出て行くお金「固定負債」とはどんなもの？ ……118
◆ 固定負債には何がある？
◆ 固定負債は安全の証拠？

純資産①
会社法施行により「資本」は「純資産」に ……120
- ◆ 会社法施行に伴い、新しい会計基準が適用された
- ◆ 資本と純資産はどう違う？

純資産②　株主資本
株主の持ちものは株主資本 ……122
- ◆ 株主資本には何がある？

純資産③　評価・換算差額等
購入時と現在の価値の差額を反映させる ……126
- ◆ 保有する株式が値下がりした！

純資産④　新株予約権
新しい基準によって「負債の部」から「純資産の部」へ ……128
- ◆ 決められた値段で株式を受け取る権利

- ● 株主資本等変動計算書で何がわかる？ ……129
- ● 連結損益計算書・連結貸借対照表はここが違う！ ……130

PART 4　経営分析をしてみよう

決算書は比べて使う
過去の決算書や同業他社の決算書を比べてみよう ……136
- ◆ 決算書は、比べてみなければわからない
- ◆ 決算書でわかるのは、収益性と安全性

収益性①　ROA
調達した資金を使ってどれだけの経常利益を得た？ ……138
- ◆ 経営効率は、利益だけでははかれない
- ◆ ROAで経営効率がわかる

収益性② ROE
株主が出資した資本でどれだけの当期純利益を得た？ ……145
- ◆ 自己資本からどれだけの当期純利益を上げている？

収益性③ 売上高経常利益率
売上に対して、一体いくらの利益が上がっている？ ……148
- ◆ 売上があっても、利益が出なければ意味がない！
- ◆ 売上高経常利益率はどれくらいあればよい？
- ◆ 売上高経常利益率を上昇させるには？
- ◆ 売上高営業利益率も大切！

収益性④ 総資本回転率
資産は有効に使うことができただろうか？ ……154
- ◆ 同じお金を使うなら、売上は多いほうがいい
- ◆ 総資本回転率を高めるにはどうしたらいい？
- ◆ 回転率にもいろいろある

収益性⑤ 売上債権回転率
売上代金はしっかり回収できているのだろうか？ ……159
- ◆ 売掛金や受取手形はちゃんと現金化されている？
- ◆ 売上債権回転率は、高ければ高いほどよい

収益性⑥ 棚卸資産回転率
仕入れた商品はちゃんと売れているのだろうか？ ……164
- ◆ 棚卸資産回転率が低いのは、商品が売れてないから
- ◆ 同じ小売業でも回転率は大きく異なる

安全性① 自己資本比率
返済の必要のない資金の割合で 会社の安全性が見えてくる ……167
- ◆ 会社の安全性には、たくさんの人が注目している
- ◆ 決算書から、危険な会社を見抜こう！
- ◆ 自己資本の割合をチェックする
- ◆ 自己資本比率と収益性は関連しない
- ◆ 自己資本比率は40％が目安

安全性② 流動比率
1年以内に返済するべき負債の資金の目処は立っている？ ……172
- ◆ 1年以内できちんと返済できる？
- ◆ 流動比率は高ければ高いほどよい

安全性③ 固定比率
固定資産は自己資本で まかなわれていると安心 ……175
- ◆ 固定比率は低いほどよい
- ◆ 固定資産を自己資本でまかなっている会社は少ない

PERとPBR
割安な株を見つけるための2つの指標 ……180
- ◆ PERは損益計算書を使った指標
- ◆ PBRは貸借対照表を使った指標

PART 5 キャッシュ・フロー計算書でこんなことがわかる

キャッシュ・フロー計算書はなぜ必要？
たとえ黒字でも、お金がなければ 会社は倒産してしまう！ ……186
- ◆ キャッシュ・フロー計算書はなんのためにある？
- ◆ 会社が黒字でも倒産することがある
- ◆ 資金繰りがつかなくなったとき、会社は倒産する
- ◆ お金の流れは、ごまかしがきかない！

キャッシュ・フローには3つある
まずはお金の増減を3つの要因に分けよう ……192
- ◆ キャッシュ・フロー計算書を見てみよう

営業キャッシュ・フロー
本業でいくらお金を増やしているかが大事 ……194

- ◆ 本業でどのくらいのお金を獲得できた？
- ◆ 営業キャッシュ・フローは営業利益に相当する
- ◆ 営業キャッシュ・フローは多ければ多いほどよい

投資キャッシュ・フロー

投資活動によるキャッシュ・フローはマイナスでもOK ……198
- ◆ 将来の利益のためには投資が必要
- ◆ 成長を続ける会社はマイナスになる
- ● **会社が自由に使える「フリー・キャッシュ・フロー」** ……201

財務キャッシュ・フロー

会社はどのくらいお金を 調達したり返したりした？ ……202
- ◆ 借入金や社債などによるお金の動きがわかる
- ◆ 営業・投資ＣＦと合わせて総合的に判断する

まとめ

キャッシュ・フロー計算書でよい会社を見分けよう！ ……205
- ◆ キャッシュ・フロー計算書の見方のポイント

エピローグ　決算書が読めるとこんなにすごい！

- ● **おわりに** ……214

- ●イラスト　秋田　綾子
- ●本文デザイン・DTP　畑　政孝
- ●カバーデザイン　渡邊　民人

登場人物紹介

池田テッペイ

㈱はちみつベアーの営業部員。
やる気にあふれる熱血漢だが、
「がんばっているわりに、
給料が安い」と、
会社に対する不満がくすぶる。

くま先生

㈱はちみつベアーに棲む。
見た目はタダの羽の生えたクマだが、
実はかなりの博学。
悩める社員を救うため、日夜働いている。

木ノ下アオイ

㈱はちみつベアーの広報担当。
要領よく仕事をこなす一方、
最近株にハマって大損している。

クマ社長

㈱はちみつベアーの社長。
会社を急成長させた手腕はたいしたものだが、
社員の間では「ケチ」というウワサも……。

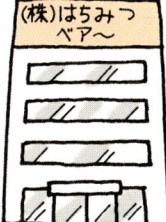

㈱はちみつベアー

はちみつとはちみつ関連商品の販売会社。

㈱はちみつベアーの決算書一覧

　本書では、はちみつとはちみつ関連商品の販売を行う㈱はちみつベアーという会社の決算書を使います。ここに載っている決算書は、みなさんにはまだ何がなんだかわからないかもしれません。でも、本書を読み終わった後には、きっとスッキリ理解できるハズです！

（株）はちみつベアー　設立時の貸借対照表　　（単位:千円）

（資産の部）	（負債の部）
預金　20,000	長期借入金　10,000
	（純資産の部）
	資本金　10,000

(株)はちみつべアー　損益計算書　(単位:千円)

	第1期	第2期	第3期
I 売上高	100,000	400,000	1,000,000
II 売上原価			
期首商品棚卸高	—	2,000	10,000
当期商品仕入高	70,000	268,000	760,000
期末商品棚卸高	2,000	10,000	70,000
売上原価合計	68,000	260,000	700,000
売上総利益	32,000	140,000	300,000
III 販売費及び一般管理費			
給与	10,000	45,000	93,000
賞与	—	4,000	10,500
法定福利費	1,000	5,000	10,200
家賃	1,000	10,000	20,000
広告宣伝費	1,000	8,000	15,000
交際費	1,000	5,000	10,000
水道光熱費	500	1,000	3,000
旅費交通費	500	2,000	5,000
保険料	500	2,000	3,000
減価償却費	1,000	2,000	6,200
消耗品費	1,000	2,000	6,000
貸倒引当金繰入額	—	—	1,000
賞与引当金繰入額	—	—	10,000
退職給付引当金繰入額	—	—	3,000
雑費	500	2,500	5,000
販売費及び一般管理費合計	18,000	88,500	200,900
営業利益	14,000	51,500	99,100
IV 営業外収益			
受取利息	10	100	200
受取配当金	—	100	200
有価証券売却益	—	—	15,000
為替差益	—	300	500
営業外収益合計	10	500	15,900
V 営業外費用			
支払利息	90	2,000	5,000
為替差損	20	—	—
営業外費用合計	110	2,000	5,000
経常利益	13,900	50,000	110,000
VI 特別利益			
投資有価証券売却益	—	—	500
特別利益合計	—	—	500
VII 特別損失			
固定資産除却損	—	—	500
損害賠償損失	—	—	10,000
特別損失合計	—	—	10,500
税引前当期純利益	13,900	50,000	100,000
法人税・住民税及び事業税	5,600	20,000	45,600
法人税等調整額	—	—	5,600
当期純利益	8,300	30,000	60,000

(株)はちみつベアー　貸借対照表

(単位:千円)

	第1期	第2期	第3期
(資産の部)			
Ⅰ 流動資産			
1．現金	5,000	5,000	4,000
2．預金	49,400	46,800	32,500
3．受取手形	—	5,000	30,000
4．売掛金	3,000	15,000	80,000
5．有価証券	—	10,000	5,000
6．商品	2,000	10,000	70,000
7．短期貸付金	—	1,000	1,000
8．前払金	—	—	500
9．前払費用	—	—	500
10．繰延税金資産	—	—	4,000
11．貸倒引当金	—	—	※△1,000
流動資産合計	59,400	92,800	226,500
Ⅱ 固定資産			
1．有形固定資産			
(1)土地	20,000	20,000	220,000
(2)建物	29,000	28,000	118,000
(3)機械装置	—	—	5,000
(4)車両	—	2,500	4,000
(5)工具器具備品	—	2,500	4,500
有形固定資産合計	49,000	53,000	351,500
2．無形固定資産			
(1)ソフトウェア	—	—	1,300
(2)電話加入権	500	500	500
(3)特許権	—	—	1,000
無形固定資産合計	500	500	2,800
3．投資その他の資産			
(1)投資有価証券	—	10,000	7,500
(2)関係会社株式	—	10,000	10,000
(3)長期貸付金	—	—	4,000
(4)長期前払費用	—	—	1,000
(5)繰延税金資産	—	—	2,400
投資その他の資産合計	—	20,000	24,900
固定資産合計	49,500	73,500	379,200
資産合計	**108,900**	**166,300**	**605,700**

※△はマイナスの意味（以下同）

(単位:千円)

	第1期	第2期	第3期
（負債の部）			
Ⅰ 流動負債			
1．支払手形	—	3,000	20,000
2．買掛金	5,000	15,000	40,000
3．短期借入金	—	—	20,000
4．未払金	—	—	500
5．未払費用	—	—	500
6．未払法人税等	5,600	20,000	45,600
7．預り金	—	—	500
8．前受金	—	—	500
9．賞与引当金	—	—	10,000
流動負債合計	10,600	38,000	137,600
Ⅱ 固定負債			
1．長期借入金	60,000	60,000	140,000
2．社債	—	—	100,000
3．退職給付引当金	—	—	3,000
固定負債合計	60,000	60,000	243,000
負債合計	**70,600**	**98,000**	**380,600**
（純資産の部）			
Ⅰ 株主資本			
1．資本金	30,000	30,000	110,000
2．資本剰余金			
(1)資本準備金	—	—	20,000
3．利益剰余金			
(1)利益準備金	—	—	100
(2)その他利益剰余金			
①繰越利益剰余金	8,300	38,300	97,200
利益剰余金合計	8,300	38,300	97,300
4．自己株式	—	—	△1,000
株主資本合計	38,300	68,300	226,300
Ⅱ 評価・換算差額等			
1．その他有価証券評価差額金	—	—	△1,200
評価・換算差額等合計	—	—	△1,200
純資産合計	**38,300**	**68,300**	**225,100**
負債・純資産合計	**108,900**	**166,300**	**605,700**

(株)はちみつベアー　キャッシュ・フロー計算書 （単位：千円）

	第1期	第2期	第3期
I 営業活動によるキャッシュ・フロー			
税引前当期純利益	13,900	50,000	100,000
減価償却費	1,000	2,000	6,200
受取利息及び配当金	△10	△200	△400
支払利息	90	2,000	5,000
貸倒引当金の増加額	—	—	1,000
賞与引当金の増加額	—	—	10,000
退職給付引当金の増加額	—	—	3,000
有価証券売却益	—	—	△15,000
投資有価証券売却益	—	—	△500
固定資産除却損	—	—	500
損害賠償損失	—	—	10,000
売上債権の減少（△増加）額	△3,000	△17,000	△90,000
棚卸資産の減少（△増加）額	△2,000	△8,000	△60,000
仕入債務の増加（△減少）額	5,000	13,000	42,000
小計	14,980	41,800	11,800
利息及び配当金の受取額	10	200	400
利息の支払額	△90	△2,000	△5,000
損害賠償金の支払額	—	—	△10,000
法人税等の支払額	—	△5,600	△20,000
営業活動によるキャッシュ・フロー	14,900	34,400	△22,800
II 投資活動によるキャッシュ・フロー			
有価証券の取得による支出	—	△10,000	—
有価証券の売却による収入	—	—	20,000
投資有価証券の取得による支出	—	△10,000	—
投資有価証券の売却による収入	—	—	1,000
関係会社株式の取得による支出	—	△10,000	—
有形固定資産の取得による支出	△50,000	△6,000	△305,000
無形固定資産の取得による支出	△500	—	△2,500
貸付による支出	—	△1,000	△4,000
投資活動によるキャッシュ・フロー	△50,500	△37,000	△290,500
III 財務活動によるキャッシュ・フロー			
短期借入金の純増減額	—	—	20,000
長期借入による収入	60,000	—	80,000
株式の発行による収入	30,000	—	100,000
配当金の支払額	—	—	△1,000
自己株式取得による支出	—	—	△1,000
社債の発行による収入	—	—	100,000
財務活動によるキャッシュ・フロー	90,000	—	298,000
IV 現金及び現金同等物に係る換算差額	—	—	—
V 現金及び現金同等物の増減額	54,400	△2,600	△15,300
VI 現金及び現金同等物の期首残高	—	54,400	51,800
VII 現金及び現金同等物の期末残高	54,400	51,800	36,500

(株)蜂蜜ナポレオンと(株)はちみつベアー 損益計算書の比較 (単位:千円)

	(株)蜂蜜ナポレオン	(株)はちみつベアー
Ⅰ売上高	16,000,000	1,000,000
Ⅱ売上原価		
期首商品棚卸高	498,000	10,000
当期商品仕入高	11,921,000	760,000
期末商品棚卸高	579,000	70,000
売上原価合計	11,840,000	700,000
売上総利益	4,160,000	300,000
Ⅲ販売費及び一般管理費		
給与	1,690,000	93,000
賞与	235,000	10,500
法定福利費	172,000	10,200
家賃	89,000	20,000
広告宣伝費	170,000	15,000
交際費	80,000	10,000
水道光熱費	20,000	3,000
旅費交通費	27,000	5,000
保険料	12,000	3,000
減価償却費	209,000	6,200
消耗品費	38,000	6,000
貸倒引当金繰入額	12,000	1,000
賞与引当金繰入額	130,000	10,000
退職給付引当金繰入額	77,000	3,000
雑費	12,000	5,000
販売費及び一般管理費合計	2,973,000	200,900
営業利益	1,187,000	99,100
Ⅳ営業外収益		
受取利息	1,900	200
受取配当金	25,200	200
有価証券売却益	—	15,000
為替差益	11,500	500
営業外収益合計	38,600	15,900
Ⅴ営業外費用		
支払利息	185,000	5,000
有価証券売却損	53,600	—
営業外費用合計	238,600	5,000
経常利益	987,000	110,000
Ⅵ特別利益		
投資有価証券売却益	—	500
特別利益合計	—	500
Ⅶ特別損失		
固定資産除却損	17,000	500
損害賠償損失	—	10,000
特別損失合計	17,000	10,500
税引前当期純利益	970,000	100,000
法人税・住民税及び事業税	410,000	45,600
法人税等調整額	20,000	5,600
当期純利益	580,000	60,000

(株)蜂蜜ナポレオンと(株)はちみつベアー　貸借対照表の比較 (単位:千円)

	(株)蜂蜜ナポレオン	(株)はちみつベアー
(資産の部)		
Ⅰ 流動資産		
1．現金	52,000	4,000
2．預金	285,000	32,500
3．受取手形	400,000	30,000
4．売掛金	925,000	80,000
5．有価証券	127,000	5,000
6．商品	579,000	70,000
7．短期貸付金	283,000	1,000
8．前払金	50,000	500
9．前払費用	66,000	500
10．繰延税金資産	85,000	4,000
11．貸倒引当金	△60,000	△1,000
流動資産合計	2,792,000	226,500
Ⅱ 固定資産		
1．有形固定資産		
(1)土地	1,350,000	220,000
(2)建物	2,000,000	118,000
(3)機械装置	300,000	5,000
(4)車両	30,000	4,000
(5)工具器具備品	170,000	4,500
有形固定資産合計	3,850,000	351,500
2．無形固定資産		
(1)ソフトウェア	32,000	1,300
(2)電話加入権	6,000	500
(3)特許権	—	1,000
無形固定資産合計	38,000	2,800
3．投資その他の資産		
(1)投資有価証券	600,000	7,500
(2)関係会社株式	500,000	10,000
(3)長期貸付金	35,000	4,000
(4)長期前払費用	5,000	1,000
(5)繰延税金資産	30,000	2,400
投資その他の資産合計	1,170,000	24,900
固定資産合計	5,058,000	379,200
資産合計	**7,850,000**	**605,700**

(単位:千円)

	(株)蜂蜜ナポレオン	(株)はちみつベアー
(負債の部)		
Ⅰ 流動負債		
1．支払手形	372,000	20,000
2．買掛金	958,000	40,000
3．短期借入金	685,000	20,000
4．未払金	35,000	500
5．未払費用	40,000	500
6．未払法人税等	320,000	45,600
7．預り金	40,000	500
8．前受金	21,000	500
9．賞与引当金	130,000	10,000
流動負債合計	2,601,000	137,600
Ⅱ 固定負債		
1．長期借入金	1,375,000	140,000
2．社債	2,000,000	100,000
3．退職給付引当金	287,000	3,000
固定負債合計	3,662,000	243,000
負債合計	**6,263,000**	**380,600**
(純資産の部)		
Ⅰ 株主資本		
1．資本金	900,000	110,000
2．資本剰余金		
(1)資本準備金	190,000	20,000
3．利益剰余金		
(1)利益準備金	10,000	100
(2)その他利益剰余金		
①繰越利益剰余金	517,000	97,200
利益剰余金合計	527,000	97,300
4．自己株式	△20,000	△1,000
株主資本合計	1,597,000	226,300
Ⅱ 評価・換算差額等		
1．その他有価証券評価差額金	△10,000	△1,200
評価・換算差額等合計	△10,000	△1,200
純資産合計	1,587,000	225,100
負債・純資産合計	**7,850,000**	**605,700**

PART 1
決算書ってなんだろう？

決算書とは、どんなもの？
決算書がわかると、何ができるようになる？
決算書の基本を、簡単に見ていきましょう。

決算書って何？

1年間どんな成果をあげてきた？
決算書は会社の成績表

基本がわかれば決算書は簡単！

　この本を手にとったあなたは、「決算書が読めるようになりたい」と思っているのではないでしょうか。なかには、「決算書って難しそう」「自分に理解できるだろうか」と不安に思っている人もいるかもしれません。

　たしかに、決算書を知り尽くすことは大変です。決算書のプロといえる公認会計士や税理士になるためには、難しい問題や特殊な事例を理解していなければなりません。

　でも、プロになるわけでないのなら、おそれることはありません。というのも、決算書には見るべきポイントがあるからです。そのポイントさえ押さえてしまえば、決算書のことがおもしろいほどわかるようになるのです。

決算書は会社の成績表

　決算書とは、会社が1年間何をやってきて、どのような結果を出したのかを数字を使ってあらわすものです。つまり**決算書は、会社の1年間の成績表**です。

　大企業から中小企業まで、すべての会社は最低でも1年間に1

回、会社の財産やもうけの状況をまとめなければならないと、法律によって決められています。財産やもうけの状況をまとめることを**決算**、決算を行う一区切りの期間を**決算期**といいます。**決算書は、この決算の際につくられる書類**なのです。

多くの会社では、3月末か12月末を決算日としています。**決算期のはじまりを期首、終わりを期末**といい、たとえば3月決算の場合、4月1日が期首、翌年の3月31日が期末となります。また、上場企業は年に一度の本決算のほかに、半年に一度の**中間決算**や3ヵ月に一度の四半期決算も発表することが、法律などによって義務づけられています。

とはいえ、決算書の作成は大仕事ですから、期末になればすぐに発表されるわけではありません。3月決算の会社であれば、4月下旬から5月頃に発表されます。

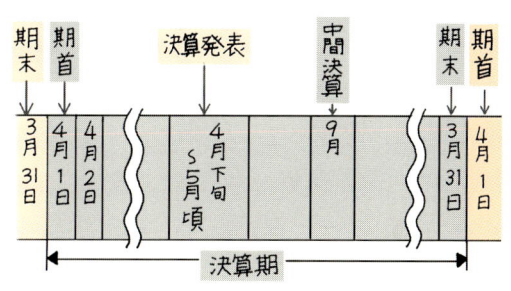

決算書はどこで手に入る？

ところで、決算書はどこで手に入るのでしょう？　上場企業の決算書は有価証券報告書という書類に載っており、"EDINET"というホームページでも見ることができます。また、最近は投資家向け情報（IR）として、自社のホームページなどに決算書を載せている会社が増えています。大企業の決算書であれば、経済新聞に掲載されることもあります。

決算書はなぜ必要？

決算書は「お金」という単位で会社の状況を客観的にあらわす

会社の経営にはお金がかかる

ところで、なぜ決算書が必要なのでしょうか。その理由を知るためにはまず、「会社」のしくみ、なかでも最も一般的な株式会社のしくみを知っておく必要があります。

はちみつをこよなく愛するクマ社長は「はちみつのすばらしさをたくさんの人に知ってもらいたい」と思い、株式会社を設立することにしました。でも、買い付けのために海外に行ったり、商品を仕入れたり、仕事に必要な備品をそろえたりと、いろいろお金がかかります。少なくとも、2,000万円が必要なことがわかりました。

社長の貯金は、500万円しかありません。どうしたものか困っていると、友人のアライさんが「500万円出すよ。返さなくていいよ」と言ってくれました。さらに銀行が、「1,000万円なら貸してもい

いですよ」と言ってくれました。

　こうしてなんとか2,000万円が集まり、今から約3年前に社長は「㈱はちみつベアー」をスタートさせることができたのです。

　さっそく社長は生産地に行き、現地の生産者と仕入契約を交わします。仕入れたはちみつは飛ぶように売れ、わずか3年の間に会社は急成長を遂げました。社長は大喜び。もうけた分、税金をたくさん払わなくてはならないのは、ちょっと残念ですが……。

決算書は会社を「お金」というものさしで分析する

　「友達のために500万も出すアライさんはなんてお人好しなんだろう！」と思った人もいるかもしれません。でも、アライさんはなんの見返りも求めずにお金を出したわけではありません。

　実はクマ社長は、お金を出してもらったかわりにアライさんに**株式**というものを渡していたのです。㈱はちみつベアーが利益を出すと、アライさんは利益の一部を**配当**というかたちで受け取ることができるのです。

　このように**会社にお金を出すことを出資、お金を出す人を出資者、出されたお金を出資金**、といいます。とくに株式会社の場合は、お金を出す人を**株主**と呼びます。クマ社長はアライさんにお金を返す必要はありませんが、利益が出たらその分を還元します。これが配当です。

　㈱はちみつベアーは、アライさんに出資してもらったお金を元手に会社を経営しているのですから、アライさんは㈱はちみつベアーの経営状況を知る権利があります。

　アライさんだけではありません。銀行だって、貸したお金がき

ちんと返ってくるかどうかを見極めなければなりません。はちみつの生産者さんも、商品の代金をきちんと支払ってもらえるのか、チェックする必要があります。税務署も、税金の額を計算する根拠として、㈱はちみつベアーのもうけの状況を知る必要があります。

㈱はちみつベアーには、たくさんの人が関わっています。会社となんらかの関係を持つ人をまとめて**利害関係者**と呼びます。決算書は、利害関係者に対して会社の状況を説明するために、とても大切なものなのです。

もちろん、決算書以外にも、ホームページや社内報、取り扱っているはちみつを通じて、㈱はちみつベアーのことを知ることはできます。決算書の優れている点は、すべて**「お金」という単位で情報が提供されている**ことにあります。このことにより、会社のことを「お金」というものさしで客観的に分析することができますし、会社どうしを比較することも簡単にできるのです。

決算書にウソがないかチェックを行う

決算書をつくるのは会社です。経営状態が悪くて、株主から文句を言われそうなときや銀行がお金を貸してくれないときなど、経営者は「なんとかもっともうかってるように見えないかなぁ」と思うことがあるでしょう。逆に、もうかりすぎて税金をたくさん払わなければならなくなりそうなときには、「もう少し、もうけを少なく見せたいなあ」と思ったりもします。

そこで、公認会計士である私たちの出番となります。公認会計士は会社がズルをしないように、決算書が正しくつくられているかどうかチェックを行っているのです。

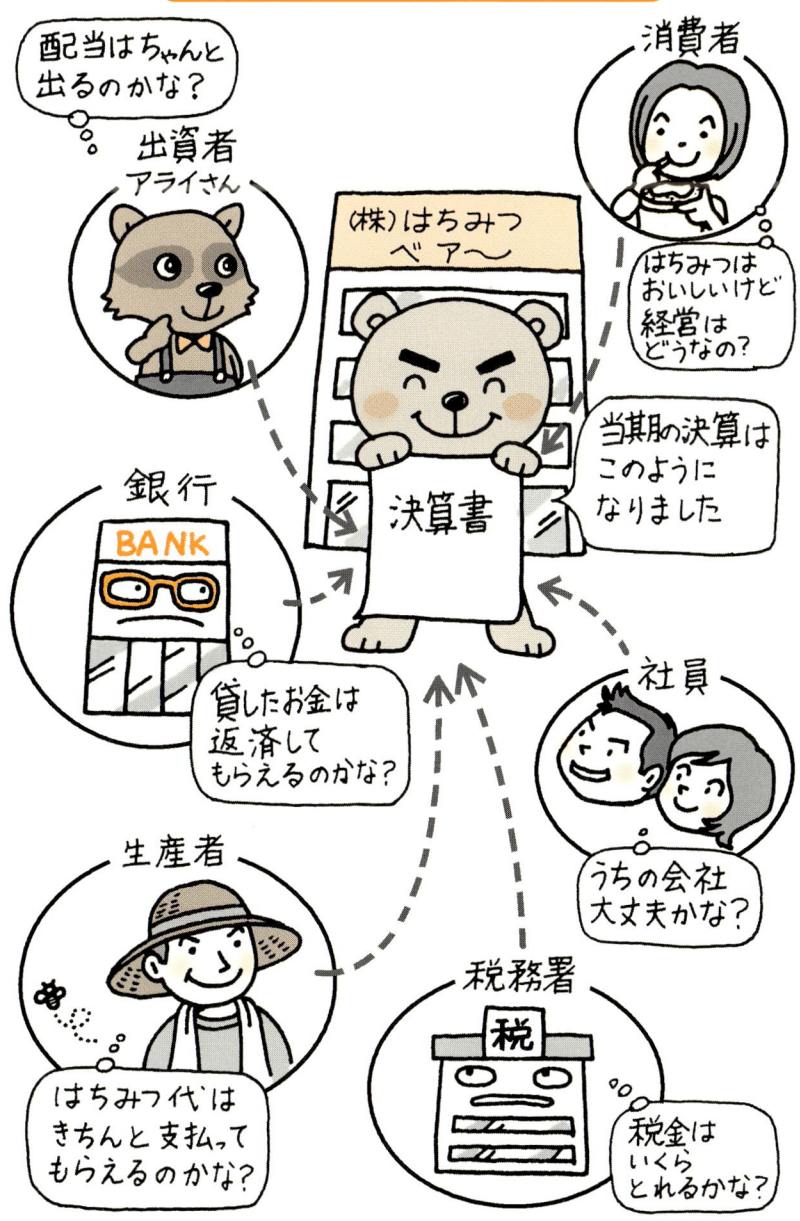

決算書を知るメリット

決算書が読めると どんないいことがあるのだろう？

🗒 決算書はもはや社会人の常識！

　さて、これまでは決算書がいかに大切なものか述べてきましたが、果たして決算書が読めると何かよいことがあるのでしょうか？

　少し前まで、決算書は経理部門の人や、一部の経営幹部が読めればよいものとされていました。しかし、「決算書が読めるととってもおトク！」ということが少しずつ人々に知られるようになり、今や決算書は「社会人の常識」とまでいわれています。

　では、決算書がわかると何ができるのか説明していきましょう。

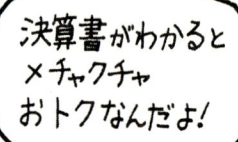

🗒 「デキる社員」になる

　学期末に先生からもらった通知表を、みなさんはどんなふうに見ていましたか？　親に渡して一通り叱られた後は見向きもしなかった、なんて人もいるかもしれませんね。

PART1 決算書ってなんだろう？

　でも、本気で成績を上げたければ、通知表はじっくり見たほうがよいのです。「計算は早いけど応用問題が苦手」「数学は得意だけど英語が苦手」など、自分の強い点・弱い点が見つかり、次につなげることができます。

　決算書も同じです。「決算書は会社の成績表」ということはお話ししましたね。今年の会社の経営はうまくいったか、どこがよくてどこがダメだったのか、決算書を見ればよくわかります。また、自分の会社の決算書と、ライバルの会社の決算書を比べることで、ライバルに勝つ方法を考えることもできるのです。

　少し前まで、営業部員はひたすら売り、研究部員はひたすら研究に励むなど、各々は自分の職務をこなし、経営状況は一部の幹部だけが把握していればよい、という考え方が一般的でした。しかし、今の時代、社員1人ひとりが会社の経営を知り、効率よく利益を上げていかなくては勝ち残ることはできません。会社の数字もわからないようでは、一人前とはいえません。決算書の知識を身につけて、「デキる社員」を目指しましょう。

取引先の状況がわかる

決算書はその会社がもうかっているかどうか（収益性）、倒産する危険はないか（安全性）、将来伸びるかどうか（成長性）などをあきらかにします。

アブナイ会社との取引はこちらも危険ですから、取引先の決算書はチェックしておかなければなりません。逆に、大きな利益をあげている会社や、今後の成長が期待できる会社であれば、新たな需要を引き出せるかもしれません。

就職・転職に有利

就職や転職を考えている人ならば、決算書の知識は必須です。初任給や手当だけではなく、将来性や安全性まで考えて会社を選ぶことが大切です。就職活動を行う際には、志望する会社の決算書をぜひチェックしてください。

また、すでに会社に勤めている人も、「果たしてこの会社にこのまま残って働いてもよいのだろうか」「他の会社に転職したほうがよいのだろうか」、といった、自分自身の今後の身の振り方を決断するときに大いに役立つことでしょう。

株式投資に役立つ

　株式投資を行うなら、決算書の知識は必要不可欠です。「どの会社が将来有望か」「どの会社なら倒産しないか」といった情報を、より客観的に提供してくれるのは、決算書です。

「うちの会社は将来性抜群ですよ」「私の会社は絶対につぶれません」という経営者の言葉よりも、決算書の数字のほうが正直です。

「なんとなく」「株主優待にひかれて」と、気軽に株をはじめる人が増えていますが、決算書がある程度わかるようになってからはじめたほうが、大失敗をすることも少なくなるでしょう。

経済ニュースがわかるようになる

　決算書が読めると経済の動きがよくわかるようになります。チンプンカンプンだった経済ニュースもこわくはありません。

　これまで知らなかった経済の世界に目を向けることは、あなたの視野を広めてくれることでしょう。

決算書のいろいろ

損益計算書と貸借対照表で8割OK、キャッシュ・フロー計算書でバッチリ！

決算書にもいろいろある

一口に決算書といっても、「決算書」という1つの書類があるわけではありません。実は決算書というのは通称であり、正式には**財務諸表**といい、以下のような書類から構成されています。

◆ **損益計算書**（P／L＝Profit and Loss statement）

1年間に会社がどのくらいのもうけを得たかをあらわします。

◆ **貸借対照表**（B／S＝Balance Sheet）

会社の財産や借金などの状況をあらわします。

◆ **キャッシュ・フロー計算書**（C／F＝Cash Flow Statement）

1年間のお金の流れや使い道をあらわします。上場企業など、一部の会社のみ作成が義務づけられているものですが、最近重要性が高まってます。

◆ **株主資本等変動計算書**

貸借対照表の純資産の部の各科目の金額が、1年間にどの

ような理由で変動したのかをあらわします（詳しくはP 129を参照）。

◆**附属明細表**（ふぞくめいさいひょう）

有価証券、有形固定資産、引当金などの内訳を示すものです。

注記にも注目しよう！

また、このほかにも決算書には、補足情報として**注記**（ちゅうき）というものが書かれています。会社の財産やもうけに関係するものの、決算書本体の数字であらわすことのできない情報を記しています。

代表的なものに、他社の借入金を肩代わりする義務である「保証債務」や、損害賠償請求の訴えをおこされた場合の「係争中の訴訟」があります。どちらも現時点では損失が発生するかどうかもわかりませんが、銀行や取引先、株主をはじめとする利害関係者にとっては重要な情報です。

さまざまな方法をとることで、本当の姿が見えてくる

「決算書なんて1つで十分じゃない？」と思った人もいるかもしれません。しかし、たとえば就職試験では、履歴書を提出したり、作文を書いたり、一般教養や性格検査の試験を受けたり、実際に会って面接したりと、さまざまな方法がとられます。みなさんも経験があるのではないでしょうか？

なぜこんなことをするのかというと、1つの試験だけでは、相手のことがなかなかわからないからです。作文は抜群にうまいけど挨拶もろくにできないとか、元気で明るいけど簡単な計算もで

きない、というのでは困りますね。

　決算書も同じで、さまざまな観点から見ることで、会社の本当の姿が見えてくるのです。

覚えるのは3つでOK

「そんなこと言われたって、たくさんは覚えられないよ」と思った人もいるでしょう。ご安心を。みなさんにまず覚えていただきたいのは次の2つです。

　　◎損益計算書（P／L＝Profit and Loss statement）
　　◎貸借対照表（B／S＝Balance Sheet）

　この2つがわかれば、決算書の8割はマスターしたといっても過言ではありません。さらに、

　　◎キャッシュ・フロー計算書（C／F＝Cash Flow statement）

　がわかれば、入門としてはバッチリです。
　本書では、この3つを中心に扱っていきます。

PART 1 決算書ってなんだろう？

貸借対照表（B/S）
損益計算書（P/L）
「ボクらがわかれば8割方OK！」

キャッシュ・フロー計算書（C/F）
「さらにボクもわかればバッチリ！」

5つのグループ

5つのグループがわかれば決算書はこわくない！

🏺 実際の決算書を見てみよう！

　㈱はちみつベアーの決算書を見てみましょう。P17〜19に、㈱はちみつベアーの損益計算書と貸借対照表が載っていますので、ちょっとのぞいて見てください。

　見てみましたか？

「ごちゃごちゃしていて何が書いてあるのかわからない！」「難しそう！」、そんな声が聞こえてきそうです。

　でも、大丈夫。決算書にはポイントがある、ということはお話ししましたね。その第一のポイントが、次の5つの用語です。

資産・負債・純資産・収益・費用
（し さん）（ふ さい）（じゅんしさん）（しゅうえき）（ひ よう）

　この5つをキーワードに、先ほどの決算書を整理してみましょう。P17〜19では3期分を並べていますが、わかりやすいようにここでは第3期（今年）だけを見ていきます。

■ (株)はちみつベアー 損益計算書 (単位:千円)

	第3期	
I 売上高	1,000,000	収益
II 売上原価		
期首商品棚卸高	10,000	
当期商品仕入高	760,000	費用
期末商品棚卸高	70,000	
売上原価合計	700,000	
売上総利益	**300,000**	利益
III 販売費及び一般管理費		
給与	93,000	
賞与	10,500	
法定福利費	10,200	
家賃	20,000	
広告宣伝費	15,000	
交際費	10,000	
水道光熱費	3,000	費用
旅費交通費	5,000	
保険料	3,000	
減価償却費	6,200	
消耗品費	6,000	
貸倒引当金繰入額	1,000	
賞与引当金繰入額	10,000	
退職給付引当金繰入額	3,000	
雑費	5,000	
販売費及び一般管理費合計	200,900	
営業利益	**99,100**	利益
IV 営業外収益		
受取利息	200	
受取配当金	200	収益
有価証券売却益	15,000	
為替差益	500	
営業外収益合計	15,900	
V 営業外費用		
支払利息	5,000	費用
為替差損	—	
営業外費用合計	5,000	
経常利益	**110,000**	利益
VI 特別利益		
投資有価証券売却益	500	収益
特別利益合計	500	
VII 特別損失		
固定資産除却損	500	費用
損害賠償損失	10,000	
特別損失合計	10,500	
税引前当期純利益	**100,000**	利益
法人税・住民税及び事業税	45,600	費用
法人税等調整額	5,600	
当期純利益	**60,000**	利益

■ (株)はちみつベアー　貸借対照表

(単位:千円)

	第3期		第3期
(資産の部)		**(負債の部)**	
Ⅰ 流動資産		**Ⅰ 流動負債**	
1．現金	4,000	1．支払手形	20,000
2．預金	32,500	2．買掛金	40,000
3．受取手形	30,000	3．短期借入金	20,000
4．売掛金	80,000	4．未払金	500
5．有価証券	5,000	5．未払費用	500
6．商品	70,000	6．未払法人税等	45,600
7．短期貸付金	1,000	7．預り金	500
8．前払金	500	8．前受金	500
9．前払費用	500	9．賞与引当金	10,000
10．繰延税金資産	4,000	流動負債合計	137,600
11．貸倒引当金	△1,000	**Ⅱ 固定負債**	
流動資産合計	226,500	1．長期借入金	140,000
		2．社債	100,000
Ⅱ 固定資産		3．退職給付引当金	3,000
1．有形固定資産		固定負債合計	243,000
(1)土地	220,000	**負債合計**	**380,600**
(2)建物	118,000		
(3)機械装置	5,000	**(純資産の部)**	
(4)車両	4,000	**Ⅰ 株主資本**	
(5)工具器具備品	4,500	1．資本金	110,000
有形固定資産合計	351,500	2．資本剰余金	
2．無形固定資産		(1)資本準備金	20,000
(1)ソフトウェア	1,300	3．利益剰余金	
(2)電話加入権	500	(1)利益準備金	100
(3)特許権	1,000	(2)その他利益剰余金	
無形固定資産合計	2,800	①繰越利益剰余金	97,200
3．投資その他の資産		利益剰余金合計	97,300
(1)投資有価証券	7,500	4．自己株式	△1,000
(2)関係会社株式	10,000	株主資本合計	226,300
(3)長期貸付金	4,000	**Ⅱ 評価・換算差額等**	
(4)長期前払費用	1,000	1．その他有価証券評価差額金	△1,200
(5)繰延税金資産	2,400	評価・換算差額等合計	△1,200
投資その他の資産合計	24,900	**純資産合計**	**225,100**
固定資産合計	379,200		
資産合計	**605,700**	**負債・純資産合計**	**605,700**

つまり、損益計算書は収益と費用から、貸借対照表は資産、負債、純資産から構成されているのです。図にすると、次のようになります。

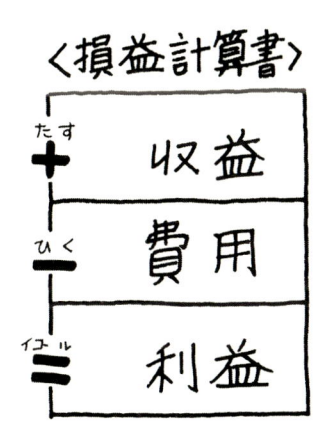

〈損益計算書〉
- ＋（たす）　収益
- －（ひく）　費用
- ＝（イコール）　利益

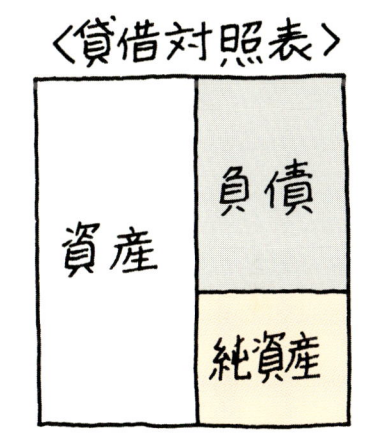

〈貸借対照表〉
- 資産
- 負債
- 純資産

この5つのキーワードさえ理解してしまえば、貸借対照表も損益計算書も、おそれることはないのです。

ただし、5つの言葉は、さらに細かく分けられています。

損益計算書についてはPART2で、貸借対照表についてはPART3でじっくり説明していきましょう。

ポイントは大まかな数字をつかむこと

これらの5つの区分以外にも、決算書には大まかな区分がいくつかあります。こうした区分ごとの数字をつかみ、過去の数値や同業他社の数値と比べていくことが、決算書の読み方の基本です。

逆にいうと、細かいところは無視してしまっても、決算書の概要はわかるのです。ズラッと並んだ数字も、おそれることはありません。

個別決算書と連結決算書

1つの会社だけの個別決算書、グループ企業ひとまとめの連結決算書

赤字を黒字に変えるテクニック!?

　㈱はちみつベアーの同業他社に、万年赤字の㈱みつばちベアーがあります。㈱みつばちベアーには㈱みつばちカフェという**子会社**があります。子会社とは、経営において他の会社の支配を受ける会社のことであり、原則としてある会社の議決権の過半数を持つと、その会社は子会社となります。

　㈱みつばちカフェでは、はちみつパイやはちみつチーズケーキなど、㈱みつばちベアーのはちみつを使った料理が楽しめます。

　さて、決算日が近づいてきましたが、今期の㈱みつばちベアーは思うように売上が伸びていません。そこで、目標を達成するために、㈱みつばちカフェに、売れ行きのよくないはちみつとローヤルゼリーを無理矢理1,000万円分売りつけました。

　こうして、㈱みつばちベアーは無事に目標の売上を達成し、念願の黒字決算を迎えることができたのです。めでたし、めでたし。

　……と言いたいところですが、実は少しもめでたくなんかありません。子会社に無理矢理買わせて自分の会社の決算書をよく見せれば、子会社の業績は悪くなります。子会社の経営が悪化すれば、結局は親会社が面倒を見ることになるのですから、実際には

㈱みつばちベアーの業績がよくなっているわけではないのです。

そこで最近では、親会社1社だけの決算書、あるいは子会社1社だけの決算書に加えて、企業グループをあたかも1つの会社であるとみなして決算書がつくられるようになりました。これを**連結決算書**と呼び、連結ベースでの損益計算書や貸借対照表のことを**連結損益計算書**や**連結貸借対照表**と呼びます。これに対し、1社のみの決算書を**個別決算書**といいます。

時代は連結決算の流れに

㈱みつばちベアーのようなズルがなくとも、たとえばトヨタグループや日産グループなどのように、企業グループを単位として活動している会社の場合は、その会社1社1社の決算書を見ても、企業グループ全体の経営状況を把握することはできません。

今の世の中は、とくに規模の大きい会社は1社1社独立して動いているのではなく、親会社を中心とした「企業グループ」を単位として活動をしているのです。時代は連結決算書の流れになっているといってよいでしょう。

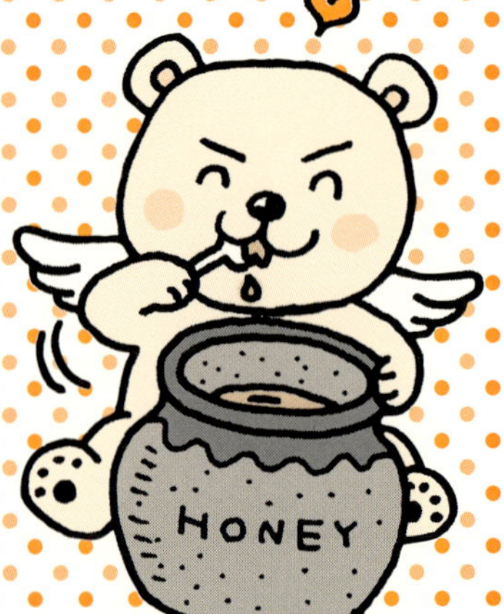
HONEY

PART 2
損益計算書をマスターしよう

損益計算書は、会社のもうけをあらわすもの。
損益計算書が読めれば、
1年間で会社がどうやって、
いくらもうけたのかがわかります。

う〜ん…
あら
デッペイくん
どうしたの?
渋い顔しちゃって
似合わないわよ
目標
今月
売上目標が
厳しいんですよ
え〜、
広告もいっぱい出して
売れ行きも好調だって
聞いたけど…
はちみつベア〜
ヘルシーハチミツライフ
お試しセット
その広告がポイントなんです!
また出た!
くま先生!
売上がそのまま
会社の利益に
なるわけでは
ありません
会社がどれだけ
もうかったのか
見るためには
利益を見なくては
ならないのです
へ〜
利益って
つまり
「もうけ」よね

そう！それを見るのが この損益計算書！

損益計算書には5つの利益があるんです

```
売上高
－売上原価 ＝ 売上総利益
－販売費及び一般管理費 ＝ 営業利益
                      （本業でのもうけ）
＋営業外収益
－営業外費用 ＝ 経常利益
              （通常の活動でのもうけ）
＋特別利益
－特別損失 ＝ 税引前当期純利益
－税金など ＝ 当期純利益
            （最終的なもうけ）
```

広告費は販売費及び一般管理費ですね

広告費をいっぱい使った場合今までと同じ売上では営業利益以下の4つの利益が減ってしまいます

だから当然売上ノルマも厳しくなるんですよ

なるほどー そーゆーわけだったのか…

損益計算書を見れば「もうけ」のしくみがわかるのね

そうです！さっそく損益計算書の中身を見ていきましょう！

損益計算書とは？

損益計算書で会社が どれだけもうけたのかわかる

損益計算書は収益と費用で成り立つ

　損益計算書は、「収益」と「費用」から成り立っていることと、会社の１年間の「利益」をあらわしていることは、ＰＡＲＴ１で説明しましたね。

　ところで、「収益」「費用」「利益」とはなんのことでしょうか？　会計の世界では、入ってきたお金を収益、出て行ったお金を費用、もうけのことを利益と呼びますが、ここから具体的に見ていきましょう。

収益から費用を引けば利益がわかる

　営業部のテッペイくんはレストランに営業に行き、レンゲはちみつを５万円で売ることに成功しました。はちみつの仕入れ値は２万円ですが、この他にも輸送料や電話代、はちみつを保管する倉庫代など、さまざまなお金がかかっています。

　話を単純にするために、このはちみつを手に入れて売るまでに、３万円かかったことにしましょう。

　さて、収益・費用・そして利益は、それぞれいくらになると思いますか？

はちみつを手に入れるために払った3万円が費用、レストランから受け取った5万円が収益です。そして利益は、

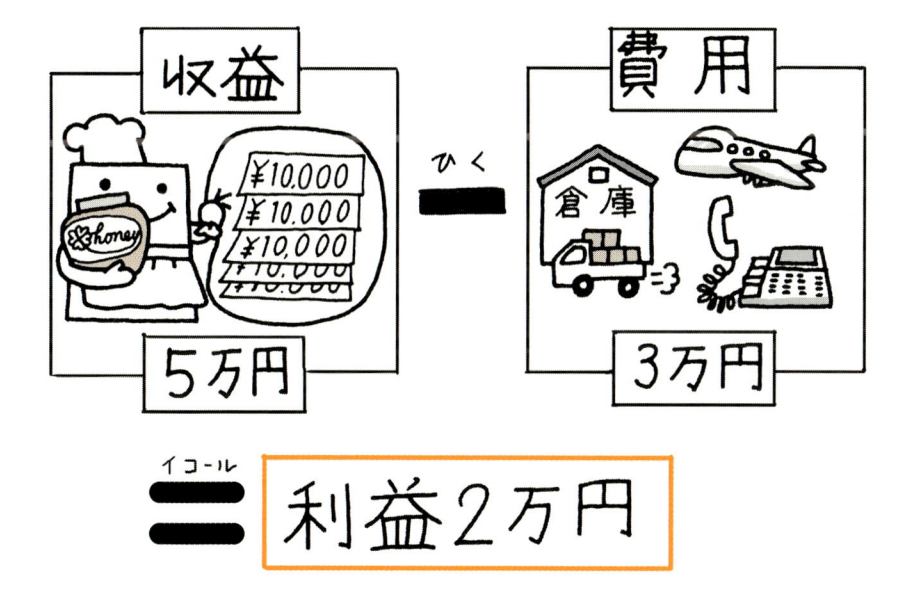

収益 5万円 ひく 費用 3万円 イコール 利益2万円

という式であらわすことができるのです。

つまり、レンゲはちみつを売ることで、2万円もうかったということです。

この「**収益－費用＝利益**」という式が、損益計算書を理解するための最大のポイントです。

収益は利益のもととなる収入

ここでちょっと注意しておきたいことがあります。

1つは、会社に入るお金のなかにも、「収益」にならないものがあるということ。

たとえば、㈱はちみつベアーが、銀行から100万円を借りれば、

会社には100万円のお金が入ってきます。しかしこれは、「収益」にはなりません。収益とは、「利益のもととなる収入」のことですから利益につながるものしか収益にはならないのです。

　もし、銀行からお金を借りただけで会社の利益が増えるのなら、借りれば借りるほどもうかることになってしまいますよね。でも、銀行から借りたお金は、後で返さなければならないものですから、もうけとは関係ありません。

お金を借りても収益にはならない

100万円手に入った

100万円貸します

BANK

100万円

これは収益ではありません

費用は利益を得るために使ったお金

　同じように、会社から出て行くお金がすべて費用になるわけでもありません。

　銀行から借りていた100万円を返済すれば、100万円のお金が出ていきますが、これは「費用」ではなく、単に負債（PART3で詳しく説明します）が減っただけです。費用とは、会社から出て行くお金のうち、利益を得るために使ったものを指します。たとえば、はちみつを仕入れるのも、テッペイくんにお給料を払

うのも、はちみつを売ってもうけるために使ったお金ですから、費用になります。しかし、もともと銀行のものであったお金をもとの所有者である銀行に返すことは、利益とは直接関係ないのです。

お金を返しても費用にはならない

100万円出ていった…
100万円返します
100万円
BANK
これは費用ではありません

以上のことをまとめると、次のようになります。

- **収益**：会社に入ってくるお金のうちで、利益のもととなるもの
- **費用**：会社から出て行くお金のなかで、利益を得るために使ったもの
- **利益**：収益から費用を引いて出る会社のもうけ

会計で使われる言葉のなかには、私たちが日常気にとめない微妙な違いが含まれています。少々ややこしいかもしれませんが、しっかり理解しておいてください。

損益計算書のしくみ

損益計算書は「収益－費用＝利益」という公式で成り立っている

収益・費用・利益にもいろいろある

　企業のホームページなどに掲載されている損益計算書は、びっしりと文字と数字が並んでいることと思います。でも、おそれることはありません。基本的な構造さえ押さえてしまえば、損益計算書は簡単です。

　損益計算書では、「収益－費用＝利益」というシンプルな式を、収益や費用を細かく分解して、並べ替えているのです。会社がどのような取引で収益を上げ、どのようなことに費用を使ったのかを、詳しく説明しているのです。

　ですから、損益計算書をシンプルな形にすると、右の図のようになります。

　次からは、それぞれの項目について詳しく見ていきましょう。

基本はとってもシンプルなんだよ

損益計算書のしくみ

```
     売上高
  ±  売上原価
     ───────
  =  売上総利益    ← 粗利

  −  販売費及び一般管理費
     ───────
  =  営業利益      ← 本業で得た利益

  +  営業外収益
  −  営業外費用
     ───────
  =  経常利益      ← 通常の活動のなかでの利益

  +  特別利益
  −  特別損失
     ───────
  =  税引前当期純利益

  −  税金など
     ───────
  =  当期純利益    ← 最終的な利益
```

PART2 損益計算書をマスターしよう

売上高

商品を売った金額の合計が利益の一番のもととなる

■（株）はちみつベアー　損益計算書　（単位：千円）

見るのはココ！

	第1期	第2期	第3期
Ⅰ 売上高	100,000	400,000	1,000,000
Ⅱ 売上原価			
期首商品棚卸高	—	2,000	10,000
当期商品仕入高	70,000	268,000	760,000
期末商品棚卸高	2,000	10,000	70,000
売上原価合計	68,000	260,000	700,000
売上総利益	32,000	140,000	300,000
Ⅲ 販売費及び一般管理費			
給与	10,000	45,000	93,000
賞与	—	4,000	10,500
法定福利費	1,000	5,000	10,200
家賃	1,000	10,000	20,000
広告宣伝費	1,000	8,000	15,000
交際費	1,000	5,000	10,000
水道光熱費	500	1,000	3,000
旅費交通費	500	2,000	5,000
保険料	500	2,000	3,000
減価償却費	1,000	2,000	6,200
消耗品費	1,000	2,000	6,000
貸倒引当金繰入額	—	—	1,000
賞与引当金繰入額	—	—	10,000
退職給付引当金繰入額	—	—	3,000
雑費	500	2,500	5,000
販売費及び一般管理費合計	18,000	88,500	200,900
営業利益	14,000	51,500	99,100
Ⅳ 営業外収益			
受取利息	10	100	200
受取配当金	—	100	200
有価証券売却益	—	—	15,000
為替差益	—	300	500
営業外収益合計	10	500	15,900
Ⅴ 営業外費用			
支払利息	90	2,000	5,000
為替差損	20	—	—
営業外費用合計	110	2,000	5,000
経常利益	13,900	50,000	110,000
Ⅵ 特別利益			
投資有価証券売却益	—	—	500
特別利益合計	—	—	500
Ⅶ 特別損失			
固定資産除却損	—	—	500
損害賠償損失	—	—	10,000
特別損失合計	—	—	10,500
税引前当期純利益	13,900	50,000	100,000
法人税・住民税及び事業税	5,600	20,000	45,600
法人税等調整額	—	—	5,600
当期純利益	8,300	30,000	60,000

どの時点で売上になる？

損益計算書の一番上に書かれているのが**売上高**です。

㈱はちみつベアーの損益計算書の売上高の部分を見ると、第1期は1億円、第2期は4億円、そして第3期はなんと10億円でした。すばらしい成長ですね！

売上高は、1年間に商品を売った金額の合計であり、会社の利益の源です。基本的には売上高の多い会社のほうが、利益を稼ぐ力があるといえます。

ところで、テッペイくんは月の初め、自然食レストランに1万円のアカシアはちみつを売りました。お店の人は、「代金は月末にまとめて払うよ」と言いました。さて、㈱はちみつベアーでは、この売上をいつの日付で記録すればよいのでしょうか。

①お店にはちみつを渡した日（月初め）
②代金を受け取った日（月末）

正解は①の「お店にはちみつを渡した日」です。

お金をもらう権利が生じたら「売った」ことになる

　会計では、代金を受け取った日ではなく、品物を渡した日に売上が発生したことになります。品物を相手に渡した時点で、㈱はちみつベアーには代金を受け取る「権利」が生じているからです。

　レストラン側も代金を支払う「義務」が生じていますから、品物を受け取った時点で費用となります。

　このように、お金を受け取る権利や、お金を支払う義務などが生じた時点で、収益や費用を計上することを**発生主義**と呼びます。会計の世界では、このルールにのっとることになっています。

　売上を計上するタイミングを、商品を渡したときとすることを、とくに**実現主義**と呼んでいます。「実現主義」は、「発生主義」のうちの1つであると理解しておけばよいでしょう。

　ちなみに、お金を受け取ったときや、お金を支払ったときに、収益や費用を計上することは、**現金主義**と呼ばれています。

売上原価

売った商品は、一体いくらで仕入れたものだったのだろう？

PART2 損益計算書をマスターしよう

■ (株)はちみつベアー　損益計算書　（単位：千円）

見るのはココ！

	第1期	第2期	第3期
Ⅰ 売上高	100,000	400,000	1,000,000
Ⅱ 売上原価			
期首商品棚卸高	—	2,000	10,000
当期商品仕入高	70,000	268,000	760,000
期末商品棚卸高	2,000	10,000	70,000
売上原価合計	68,000	260,000	700,000
売上総利益	32,000	140,000	300,000
Ⅲ 販売費及び一般管理費			
給与	10,000	45,000	93,000
賞与	—	4,000	10,500
法定福利費	1,000	5,000	10,200
家賃	1,000	10,000	20,000
広告宣伝費	1,000	8,000	15,000
交際費	1,000	5,000	10,000
水道光熱費	500	1,000	3,000
旅費交通費	500	2,000	5,000
保険料	500	2,000	3,000
減価償却費	1,000	2,000	6,200
消耗品費	1,000	2,000	6,000
貸倒引当金繰入額	—	—	1,000
賞与引当金繰入額	—	—	10,000
退職給付引当金繰入額	—	—	3,000
雑費	500	2,500	5,000
販売費及び一般管理費合計	18,000	88,500	200,900
営業利益	14,000	51,500	99,100
Ⅳ 営業外収益			
受取利息	10	100	200
受取配当金	—	100	200
有価証券売却益	—	—	15,000
為替差益	—	300	500
営業外収益合計	10	500	15,900
Ⅴ 営業外費用			
支払利息	90	2,000	5,000
為替差損	20	—	—
営業外費用合計	110	2,000	5,000
経常利益	13,900	50,000	110,000
Ⅵ 特別利益			
投資有価証券売却益	—	—	500
特別利益合計	—	—	500
Ⅶ 特別損失			
固定資産除却損	—	—	500
損害賠償損失	—	—	10,000
特別損失合計	—	—	10,500
税引前当期純利益	13,900	50,000	100,000
法人税・住民税及び事業税	5,600	20,000	45,600
法人税等調整額	—	—	5,600
当期純利益	8,300	30,000	60,000

🏺 売上原価は商品を仕入れるためにかかった費用

商品をつくったり、仕入れたりするためにかかったお金を**売上原価**といいます。

たとえば1キロ2万円で販売しているオレンジはちみつは、1キロ1万円で仕入れました。この場合の売上原価は1万円ですが、「売上原価はこれでバッチリ！」というわけにはいきません。

実は、会計には**費用収益対応の原則**という、とても重要なルールがあるのです。これは、「**収益に対応するものだけを費用として計上しなければならない**」というものです。

㈱はちみつベアーでは、1個1,000円のアカシアはちみつを5個仕入れましたが、3個が売れ、2個が売れ残りました。このうち費用となるのはいくらでしょう？

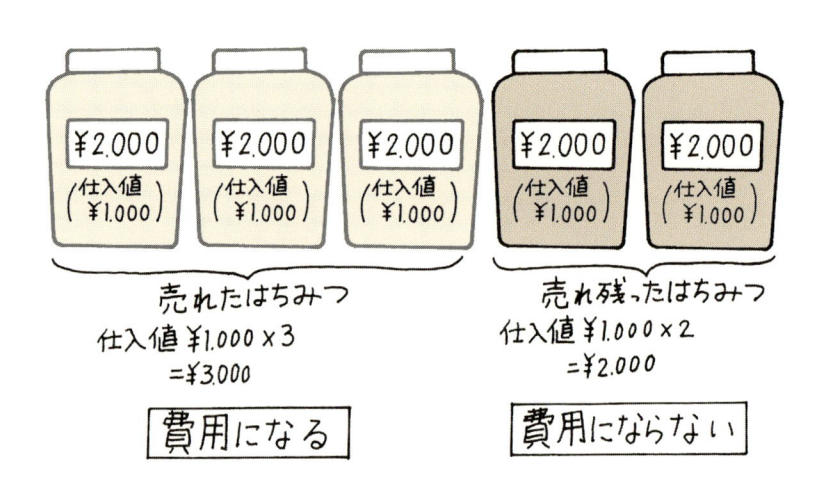

```
  ¥2,000   ¥2,000   ¥2,000        ¥2,000   ¥2,000
 (仕入値) (仕入値) (仕入値)      (仕入値) (仕入値)
 (¥1,000) (¥1,000) (¥1,000)     (¥1,000) (¥1,000)
```

売れたはちみつ　　　　　　　　売れ残ったはちみつ
仕入値 ¥1,000 × 3　　　　　　　 仕入値 ¥1,000 × 2
　　 = ¥3,000　　　　　　　　　　　 = ¥2,000

　[費用になる]　　　　　　　　　[費用にならない]

正解は3,000円です。売れ残った2,000円分の仕入は、費用にはならず、貸借対照表に「商品（P106参照）」として計上されます。

売上原価の求め方は？

㈱はちみつベアーの損益計算書の売上原価を見ると、次の3つの言葉が並んでいます。

- **期首商品棚卸高**：期首（＝前期の期末）の時点で売れ残っていた商品の仕入金額
- **当期商品仕入高**：期首から期末の間に仕入れた商品の合計額
- **期末商品棚卸高**：期末の時点で売れ残っている商品の仕入金額

そして売上原価は、次の式であらわすことができます。

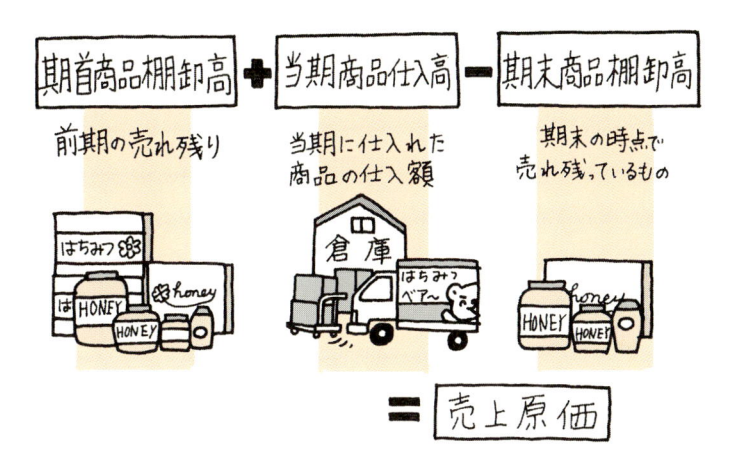

$$期首商品棚卸高 + 当期商品仕入高 - 期末商品棚卸高 = 売上原価$$

（前期の売れ残り）（当期に仕入れた商品の仕入額）（期末の時点で売れ残っているもの）

　期首商品棚卸高は、仕入れたのは前期以前ですが、当期でも売り続けるものですから、いったん当期の費用に含めなくてはなりません。また、費用収益対応の原則から、期末の時点で売れ残っている期末商品棚卸高は、費用にはできず、貸借対照表に資産（商品）として計上されます。

　みなさんも「棚卸」をやったことがあるかもしれません。棚卸は期末の時点での在庫を正確に把握するために行われます。これにより、正確な売上原価が出せるのです。

製造業の売上原価を見てみよう！

　商品をほかから仕入れてお客さんに販売する小売業と、自分の会社で作った製品をお客さんに販売する製造業では、売上原価の求め方が異なります。

　小売業の場合、販売する品物を「商品」といいますが、製造業では「製品」といいます。そして、当期製品製造原価の内訳を示すために、**製造原価明細書**（「製造原価報告書」とも呼ばれます）が作成されます。

　「当期製品製造原価」は、小売業における当期商品仕入高と同じ意味を表すもので、当期に完成した製品をつくるためにかかった原価のことです。

　製造原価明細書に出てくる「当期総製造費用」は、「当期製品製造原価」と似ていますが、このなかには、期末時点では製品にならず仕掛品（つくりかけの製品）の状態であるものについてかかった費用も含まれています。また、期首時点での仕掛品につき、前期以前にかかった費用は当期総製造費用には含まれていません。

　そこで、製造原価明細書では、当期総製造費用に期首仕掛品棚卸高を加えて、そこから期末仕掛品棚卸高を差し引くことで、当期製品製造原価を求めています。

PART2 損益計算書をマスターしよう

■ 損益計算書

(単位:千円) 〈小売業の場合の名称〉

期首製品棚卸高	15,000	◀ 期首商品棚卸高
当期製品製造原価	200,000	◀ 当期商品仕入高
期末製品棚卸高	25,000	◀ 期末商品棚卸高
売上原価	190,000

■ 製造原価明細書

(単位:千円)

1．材料費	80,000	◀ 製品を作るための材料
2．労務費	60,000	◀ 工場の従業員の給料など
3．経費	70,000	◀ 外注費、工場の光熱費、減価償却費など
当期総製造費用	210,000	◀ モノを作るために当期にかかった費用
期首仕掛品棚卸高	30,000	◀ 期首時点でのつくりかけの製品
合計	240,000	
期末仕掛品棚卸高	40,000	◀ 期末時点でのつくりかけの製品
当期製品製造原価	200,000	◀ 当期完成した製品をつくるためにかかった原価

利益① 売上総利益

売上高と売上原価がわかれば「粗利＝売上総利益」がわかる

■ (株)はちみつベアー　損益計算書　(単位:千円)

	第1期	第2期	第3期
I 売上高	100,000	400,000	1,000,000
II 売上原価			
期首商品棚卸高	—	2,000	10,000
当期商品仕入高	70,000	268,000	760,000
期末商品棚卸高	2,000	10,000	70,000
売上原価合計	68,000	260,000	700,000
売上総利益	**32,000**	**140,000**	**300,000**
III 販売費及び一般管理費			
給与	10,000	45,000	93,000
賞与	—	4,000	10,500
法定福利費	1,000	5,000	10,200
家賃	1,000	10,000	20,000
広告宣伝費	1,000	8,000	15,000
交際費	1,000	5,000	10,000
水道光熱費	500	1,000	3,000
旅費交通費	500	2,000	5,000
保険料	500	2,000	3,000
減価償却費	1,000	2,000	6,200
消耗品費	1,000	2,000	6,000
貸倒引当金繰入額	—	—	1,000
賞与引当金繰入額	—	—	10,000
退職給付引当金繰入額	—	—	3,000
雑費	500	2,500	5,000
販売費及び一般管理費合計	18,000	88,500	200,900
営業利益	14,000	51,500	99,100
IV 営業外収益			
受取利息	10	100	200
受取配当金	—	100	200
有価証券売却益	—	—	15,000
為替差益	—	300	500
営業外収益合計	10	500	15,900
V 営業外費用			
支払利息	90	2,000	5,000
為替差損	20	—	—
営業外費用合計	110	2,000	5,000
経常利益	13,900	50,000	110,000
VI 特別利益			
投資有価証券売却益	—	—	500
特別利益合計	—	—	500
VII 特別損失			
固定資産除却損	—	—	500
損害賠償損失	—	—	10,000
特別損失合計	—	—	10,500
税引前当期純利益	13,900	50,000	100,000
法人税・住民税及び事業税	5,600	20,000	45,600
法人税等調整額	—	—	5,600
当期純利益	8,300	30,000	60,000

見るのはココ！（売上総利益）

売上総利益は売上高から売上原価を引く

「売上高」「売上原価」がわかると、5つの利益のうちの1つ目の利益、売上総利益がわかります。求め方は簡単です。

$$\boxed{売上高} - \boxed{売上原価} = \boxed{売上総利益}$$

売上総利益は、「**粗利（あらり、そり）**」とも呼ばれています。こちらのほうが、なじみがある人もいるかもしれませんね。

売上総利益を増やすには？

売上総利益は多ければ多いほどよい、とされています。では、売上総利益を増やすためにはどうすればよいのでしょうか？

㈱はちみつベアーの場合、3つの方法が考えられます。

①できるだけ安い値段ではちみつを仕入れる
②できるだけ高い値段で売る
③たくさん売る（ただし、仕入れた値段より高く売ること）

このどれかを実現できれば、売上総利益はアップします。

販売費及び一般管理費

商品を売るためには
いろいろな経費がかかる

■（株）はちみつベアー　損益計算書　（単位：千円）

見るのはココ！

	第1期	第2期	第3期
Ⅰ 売上高	100,000	400,000	1,000,000
Ⅱ 売上原価			
期首商品棚卸高	—	2,000	10,000
当期商品仕入高	70,000	268,000	760,000
期末商品棚卸高	2,000	10,000	70,000
売上原価合計	68,000	260,000	700,000
売上総利益	32,000	140,000	300,000
Ⅲ 販売費及び一般管理費			
給与	10,000	45,000	93,000
賞与	—	4,000	10,500
法定福利費	1,000	5,000	10,200
家賃	1,000	10,000	20,000
広告宣伝費	1,000	8,000	15,000
交際費	1,000	5,000	10,000
水道光熱費	500	1,000	3,000
旅費交通費	500	2,000	5,000
保険料	500	2,000	3,000
減価償却費	1,000	2,000	6,200
消耗品費	1,000	2,000	6,000
貸倒引当金繰入額	—	—	1,000
賞与引当金繰入額	—	—	10,000
退職給付引当金繰入額	—	—	3,000
雑費	500	2,500	5,000
販売費及び一般管理費合計	18,000	88,500	200,900
営業利益	14,000	51,500	99,100
Ⅳ 営業外収益			
受取利息	10	100	200
受取配当金	—	100	200
有価証券売却益	—	—	15,000
為替差益	—	300	500
営業外収益合計	10	500	15,900
Ⅴ 営業外費用			
支払利息	90	2,000	5,000
為替差損	20	—	—
営業外費用合計	110	2,000	5,000
経常利益	13,900	50,000	110,000
Ⅵ 特別利益			
投資有価証券売却益	—	—	500
特別利益合計	—	—	500
Ⅶ 特別損失			
固定資産除却損	—	—	500
損害賠償損失	—	—	10,000
特別損失合計	—	—	10,500
税引前当期純利益	13,900	50,000	100,000
法人税・住民税及び事業税	5,600	20,000	45,600
法人税等調整額	—	—	5,600
当期純利益	8,300	30,000	60,000

社員のお給料から広告費や家賃、交通費まで

㈱はちみつベアー営業部のテッペイくんは、1つでも多くのはちみつを売るため、毎日レストランやカフェを回っています。

また、㈱はちみつベアーは、はちみつショップを展開しています。はちみつ色で統一されたかわいらしい店内には、自慢のはちみつが並んでいて、店員さんがお客様におすすめのはちみつを教えてくれます。

最近のヒット商品は、スーパー・ローヤルゼリーです。「お肌がつるつるになる」「若返り効果がある」と女性を中心に大ヒット。今、大人気の女優さんを起用したCMがウケたようです。

このように、仕入れた品物を売るためには、さまざまな活動がなされています。当然のことながら、こうした活動にはお金がかかります。テッペイくんにお給料を払わなければなりませんし（**給与**）、ボーナスも支給しなければいけません（**賞与**）。はちみつショップは家賃がかかりますし（**家賃**）、電気・ガス・水道代だって払わなければなりません（**水道光熱費**）。CMはつくるのにも、流すのにもお金がかかります（**広告宣伝費**）。

会計の世界ではこうした費用を、**販売費及び一般管理費**と呼んでいます。簡単に言ってしまえば、「経費」のことです。

販売費及び一般管理費にはいろいろなものがあります。

全部覚えるのは大変ですので、次ページに代表的なものだけ説明しましょう。

主な販売費及び一般管理費

- **給与・賞与**：社員に対して支払う給料やボーナス
- **法定福利費**：社員の厚生年金や健康保険などの、会社負担分
- **家賃**：事務所、店舗などを借りている場合の家賃
- **広告宣伝費**：新聞・雑誌広告、テレビCMなど会社や商品の宣伝にかかった費用
- **交際費**：得意先を接待したり、お中元、お歳暮を贈ったりする費用
- **通信費**：電話代やインターネット接続料金など
- **水道光熱費**：水道代、ガス代、電気代など
- **旅費交通費**：社員の交通費や出張時の交通費・ホテル代など
- **保険料**：工場の火災保険、社員や役員の生命保険など
- **減価償却費**：土地や美術品などを除けば、ほとんどのものは時間が経てば経つほど価値が減少していく。固定資産の価値の減少を費用として計上するもの。

PART2 損益計算書をマスターしよう

「経費ってバカにならないんだよね〜」

利益② 営業利益

営業利益がわかると会社の実力が見えてくる

■（株）はちみつベアー　損益計算書　（単位：千円）

	第1期	第2期	第3期
Ⅰ 売上高	100,000	400,000	1,000,000
Ⅱ 売上原価			
期首商品棚卸高	—	2,000	10,000
当期商品仕入高	70,000	268,000	760,000
期末商品棚卸高	2,000	10,000	70,000
売上原価合計	68,000	260,000	700,000
売上総利益	32,000	140,000	300,000
Ⅲ 販売費及び一般管理費			
給与	10,000	45,000	93,000
賞与	—	4,000	10,500
法定福利費	1,000	5,000	10,200
家賃	1,000	10,000	20,000
広告宣伝費	1,000	8,000	15,000
交際費	1,000	5,000	10,000
水道光熱費	500	1,000	3,000
旅費交通費	500	2,000	5,000
保険料	500	2,000	3,000
減価償却費	1,000	2,000	6,200
消耗品費	1,000	2,000	6,000
貸倒引当金繰入額	—	—	1,000
賞与引当金繰入額	—	—	10,000
退職給付引当金繰入額	—	—	3,000
雑費	500	2,500	5,000
販売費及び一般管理費合計	18,000	88,500	200,900
営業利益	**14,000**	**51,500**	**99,100**
Ⅳ 営業外収益			
受取利息	10	100	200
受取配当金	—	100	200
有価証券売却益	—	—	15,000
為替差益	—	300	500
営業外収益合計	10	500	15,900
Ⅴ 営業外費用			
支払利息	90	2,000	5,000
為替差損	20	—	—
営業外費用合計	110	2,000	5,000
経常利益	13,900	50,000	110,000
Ⅵ 特別利益			
投資有価証券売却益	—	—	500
特別利益合計	—	—	500
Ⅶ 特別損失			
固定資産除却損	—	—	500
損害賠償損失	—	—	10,000
特別損失合計	—	—	10,500
税引前当期純利益	13,900	50,000	100,000
法人税・住民税及び事業税	5,600	20,000	45,600
法人税等調整額	—	—	5,600
当期純利益	8,300	30,000	60,000

見るのはココ！

会社が本業で得た利益がわかる

販売費及び一般管理費がわかると、2つ目の利益がわかります。**営業利益**です。営業利益は、次の式で求めることができます。

$$売上総利益 - 販売費及び一般管理費 = 営業利益$$

　左ページの㈱はちみつベアーの損益計算書を見てみると、創業以来順調に営業利益をのばしていることがわかりますね。

会社の実力は、営業利益にあらわれる

　営業利益は、会社の業績を見る上で、とても重要な数字の1つです。1つ目の利益である「売上総利益」には「販売費及び一般管理費」が差し引かれていません。いくら売上総利益が高くても、経費がかかりすぎていれば、会社はもうかりませんよね。
　会社の本当の実力は、営業利益を見たほうがよくわかるのです。

営業外収益

本業以外にも いろいろな収益がある

■ (株)はちみつベアー　損益計算書　(単位:千円)

	第1期	第2期	第3期
I 売上高	100,000	400,000	1,000,000
II 売上原価			
期首商品棚卸高	—	2,000	10,000
当期商品仕入高	70,000	268,000	760,000
期末商品棚卸高	2,000	10,000	70,000
売上原価合計	68,000	260,000	700,000
売上総利益	32,000	140,000	300,000
III 販売費及び一般管理費			
給与	10,000	45,000	93,000
賞与	—	4,000	10,500
法定福利費	1,000	5,000	10,200
家賃	1,000	10,000	20,000
広告宣伝費	1,000	8,000	15,000
交際費	1,000	5,000	10,000
水道光熱費	500	1,000	3,000
旅費交通費	500	2,000	5,000
保険料	500	2,000	3,000
減価償却費	1,000	2,000	6,200
消耗品費	1,000	2,000	6,000
貸倒引当金繰入額	—	—	1,000
賞与引当金繰入額	—	—	10,000
退職給付引当金繰入額	—	—	3,000
雑費	500	2,500	5,000
販売費及び一般管理費合計	18,000	88,500	200,900
営業利益	14,000	51,500	99,100
IV 営業外収益			
受取利息	10	100	200
受取配当金	—	100	200
有価証券売却益	—	—	15,000
為替差益	—	300	500
営業外収益合計	10	500	15,900
V 営業外費用			
支払利息	90	2,000	5,000
為替差損	20	—	—
営業外費用合計	110	2,000	5,000
経常利益	13,900	50,000	110,000
VI 特別利益			
投資有価証券売却益	—	—	500
特別利益合計	—	—	500
VII 特別損失			
固定資産除却損	—	—	500
損害賠償損失	—	—	10,000
特別損失合計	—	—	10,500
税引前当期純利益	13,900	50,000	100,000
法人税・住民税及び事業税	5,600	20,000	45,600
法人税等調整額	—	—	5,600
当期純利益	8,300	30,000	60,000

見るのは ココ！

本業以外で得た収益が営業外収益

㈱はちみつベアーの本業は、はちみつとその関連商品の販売ですが、それ以外にも収入源があります。銀行に預けているお金には、わずかながら利息がつきますし、財テクの１つとして食器会社の株を買ったところ、もうけを出すことができました。

このように、本業とは直接関係のない活動で得たもうけを、**営業外収益**といいます。

主な営業外収益

- **受取利息**：預金や貸付金から生じた利息
- **受取配当金**：所有している株式の配当金
- **有価証券売却益**：株式などを売って得られる利益
- **為替差益**：外貨の資産・負債を円に換算したときに、為替相場の変動によって発生する利益

本業と本業以外を分ける理由は？

「本業だろうとそうでなかろうと、収益であることに変わりはないのに、どうして分ける必要があるの？」

と思う人もいるかもしれません。しかし、会社の実力は、やはり本業で判断する必要があります。

㈱はちみつベアーがいくら株でもうけても、本業であるはちみつやその関連商品でもうけがでなければ、将来的に安定した利益が上げられるとは、考えられないのです。

営業外費用

本業以外で
お金が出ていくこともある

■ (株)はちみつベアー　損益計算書　　（単位:千円）

	第1期	第2期	第3期
Ⅰ 売上高	100,000	400,000	1,000,000
Ⅱ 売上原価			
期首商品棚卸高	—	2,000	10,000
当期商品仕入高	70,000	268,000	760,000
期末商品棚卸高	2,000	10,000	70,000
売上原価合計	68,000	260,000	700,000
売上総利益	32,000	140,000	300,000
Ⅲ 販売費及び一般管理費			
給与	10,000	45,000	93,000
賞与	—	4,000	10,500
法定福利費	1,000	5,000	10,200
家賃	1,000	10,000	20,000
広告宣伝費	1,000	8,000	15,000
交際費	1,000	5,000	10,000
水道光熱費	500	1,000	3,000
旅費交通費	500	2,000	5,000
保険料	500	2,000	3,000
減価償却費	1,000	2,000	6,200
消耗品費	1,000	2,000	6,000
貸倒引当金繰入額	—	—	1,000
賞与引当金繰入額	—	—	10,000
退職給付引当金繰入額	—	—	3,000
雑費	500	2,500	5,000
販売費及び一般管理費合計	18,000	88,500	200,900
営業利益	14,000	51,500	99,100
Ⅳ 営業外収益			
受取利息	10	100	200
受取配当金	—	100	200
有価証券売却益	—	—	15,000
為替差益	—	300	500
営業外収益合計	10	500	15,900
Ⅴ 営業外費用			
支払利息	90	2,000	5,000
為替差損	20	—	—
営業外費用合計	110	2,000	5,000
経常利益	13,900	50,000	110,000
Ⅵ 特別利益			
投資有価証券売却益	—	—	500
特別利益合計	—	—	500
Ⅶ 特別損失			
固定資産除却損	—	—	500
損害賠償損失	—	—	10,000
特別損失合計	—	—	10,500
税引前当期純利益	13,900	50,000	100,000
法人税・住民税及び事業税	5,600	20,000	45,600
法人税等調整額	—	—	5,600
当期純利益	8,300	30,000	60,000

見るのはココ！

本業以外で生じた費用が営業外費用

本業以外のところで収益が発生することがあるように、本業以外のところで費用が発生することもあります。

㈱はちみつベアーは銀行からお金を借りていますから、利息を払わなくてはなりません。第3期は支払利息500万円の営業外費用が発生しました。

また、㈱はちみつベアーでは、はちみつの輸入も行っていますから、為替相場の変動によって、利益が出たり損失が出たりします。第1期には2万円の為替差損が生じていますね。

営業外費用には、次のようなものがあります。

主な営業外費用

- **支払利息**：借入金などの利息
- **有価証券売却損**：株式などを売って発生した損失
- **為替差損**：外貨の資産・負債を円に換算したときに、為替相場の変動によって発生する損失

利益③ 経常利益

通常の活動のなかで会社はどれだけもうかった？

■ (株)はちみつベアー　損益計算書　　（単位：千円）

	第1期	第2期	第3期
Ⅰ 売上高	100,000	400,000	1,000,000
Ⅱ 売上原価			
期首商品棚卸高	—	2,000	10,000
当期商品仕入高	70,000	268,000	760,000
期末商品棚卸高	2,000	10,000	70,000
売上原価合計	68,000	260,000	700,000
売上総利益	32,000	140,000	300,000
Ⅲ 販売費及び一般管理費			
給与	10,000	45,000	93,000
賞与	—	4,000	10,500
法定福利費	1,000	5,000	10,200
家賃	1,000	10,000	20,000
広告宣伝費	1,000	8,000	15,000
交際費	1,000	5,000	10,000
水道光熱費	500	1,000	3,000
旅費交通費	500	2,000	5,000
保険料	500	2,000	3,000
減価償却費	1,000	2,000	6,200
消耗品費	1,000	2,000	6,000
貸倒引当金繰入額	—	—	1,000
賞与引当金繰入額	—	—	10,000
退職給付引当金繰入額	—	—	3,000
雑費	500	2,500	5,000
販売費及び一般管理費合計	18,000	88,500	200,900
営業利益	14,000	51,500	99,100
Ⅳ 営業外収益			
受取利息	10	100	200
受取配当金	—	100	200
有価証券売却益	—	—	15,000
為替差益	—	300	500
営業外収益合計	10	500	15,900
Ⅴ 営業外費用			
支払利息	90	2,000	5,000
為替差損	20	—	—
営業外費用合計	110	2,000	5,000
経常利益	13,900	50,000	110,000
Ⅵ 特別利益			
投資有価証券売却益	—	—	500
特別利益合計	—	—	500
Ⅶ 特別損失			
固定資産除却損	—	—	500
損害賠償損失	—	—	10,000
特別損失合計	—	—	10,500
税引前当期純利益	13,900	50,000	100,000
法人税・住民税及び事業税	5,600	20,000	45,600
法人税等調整額	—	—	5,600
当期純利益	8,300	30,000	60,000

見るのはココ！（経常利益）

普段の活動におけるもうけをあらわす

営業外収益・営業外費用がわかると、3つ目の利益がわかります。これが、**経常利益**です。経常利益は、次のように求めることができます。

$$営業利益 + 営業外収益 - 営業外費用 = 経常利益$$

営業外収益や営業外費用は、本業とは直接関係はないものの、会社を経営していく上で毎年発生する「経常的な収益や費用」です。

経常利益とは、本業での利益やそれ以外での損益をひっくるめた、「会社が通常の活動でどのくらいもうけることができたか」をあらわすとても重要な数字です。

左ページの㈱はちみつベアーの損益計算書を見ると、経常利益を順調に伸ばしていることがわかります。

営業利益と経常利益の差が大きい会社・小さい会社

営業利益と経常利益の金額がどのくらい異なるかは、会社によりさまざまです。

銀行からたくさんお金を借りている会社は、たくさんの利息を支払わなければなりません。ですから、いくら本業が好調で営業利益をたくさん上げていても、経常利益は少なくなってしまいます。

　また、海外取引のある会社は、為替相場の変動により、為替差益が発生したり、為替差損が発生します。営業利益は毎年あまり変わらないのに、経常利益は変動が大きい、ということも起こります。

　㈱はちみつベアーでも輸入はちみつを取り扱っていますし、銀行から借入金もありますから、営業利益だけでなく、経常利益もしっかりチェックしておかなくてはなりません。

　一方、借入金もほとんどなく、海外取引もほとんどない、という会社は、営業利益と経常利益の金額はほとんど変わらないケースが多くなります。

PART2 損益計算書をマスターしよう

営業利益と経常利益に大きな差がある会社もあれば、ほとんど変わらない会社もあるよ

特別利益・特別損失

火事、リストラ、資産売却など特殊な事情で発生した利益や損失

■ (株)はちみつベアー　損益計算書　(単位:千円)

	第1期	第2期	第3期
Ⅰ 売上高	100,000	400,000	1,000,000
Ⅱ 売上原価			
期首商品棚卸高	—	2,000	10,000
当期商品仕入高	70,000	268,000	760,000
期末商品棚卸高	2,000	10,000	70,000
売上原価合計	68,000	260,000	700,000
売上総利益	32,000	140,000	300,000
Ⅲ 販売費及び一般管理費			
給与	10,000	45,000	93,000
賞与	—	4,000	10,500
法定福利費	1,000	5,000	10,200
家賃	1,000	10,000	20,000
広告宣伝費	1,000	8,000	15,000
交際費	1,000	5,000	10,000
水道光熱費	500	1,000	3,000
旅費交通費	500	2,000	5,000
保険料	500	2,000	3,000
減価償却費	1,000	2,000	6,200
消耗品費	1,000	2,000	6,000
貸倒引当金繰入額	—	—	1,000
賞与引当金繰入額	—	—	10,000
退職給付引当金繰入額	—	—	3,000
雑費	500	2,500	5,000
販売費及び一般管理費合計	18,000	88,500	200,900
営業利益	14,000	51,500	99,100
Ⅳ 営業外収益			
受取利息	10	100	200
受取配当金	—	100	200
有価証券売却益	—	—	15,000
為替差益	—	300	500
営業外収益合計	10	500	15,900
Ⅴ 営業外費用			
支払利息	90	2,000	5,000
為替差損	20	—	—
営業外費用合計	110	2,000	5,000
経常利益	13,900	50,000	110,000
Ⅵ 特別利益			
投資有価証券売却益	—	—	500
特別利益合計	—	—	500
Ⅶ 特別損失			
固定資産除却損	—	—	500
損害賠償損失	—	—	10,000
特別損失合計	—	—	10,500
税引前当期純利益	13,900	50,000	100,000
法人税・住民税及び事業税	5,600	20,000	45,600
法人税等調整額	—	—	5,600
当期純利益	8,300	30,000	60,000

見るのはココ！

会社経営には、アクシデントがつきもの

　会社を長年経営していると、思わぬことが起こります。㈱はちみつベアーでも、㈱蜂蜜石鹸から「はちみつの瓶についているハチのイラストは、うちのマークのマネだ！」と訴えられ、賠償金を支払ったこともありました。

　くま社長が常に目標にしている業界最大手の㈱蜂蜜ナポレオンでさえ、今に至るまでの道筋は決して平坦なものではありませんでした。火事に遭い、倉庫にあったはちみつをダメにしてしまったこともありました。また、業績が悪化したため、社員をリストラしたり、売上の悪いはちみつショップを閉鎖したこともありました。お金を手に入れるため、会社で所有していた山を売ったこともあります。

　このように例外的、臨時、特殊なことがらが原因で発生した利益や損失を**特別利益**、**特別損失**といいます。次ページで、主な特別利益と特別損失を見ていきましょう。

主な特別利益

- **固定資産売却益**：固定資産を売却して得た利益
- **投資有価証券売却益**：長期間保有するために持っていた有価証券を売却して得た利益
- **前期損益修正益**：過去の決算の間違いで利益が少なく計上されていたとき、当期で利益を計上するもの。

主な特別損失

- **固定資産売却損**：固定資産を売却して発生した損失
- **固定資産除却損**：固定資産を廃棄して発生した損失
- **投資有価証券売却損**：長期間保有するために持っていた有価証券を売却して発生した損失
- **災害損失**：火災、地震、台風などの災害により発生した損失
- **損害賠償損失**：損害賠償金を支払ったことによる損失
- **事業整理損失**：いわゆる「リストラ」により発生する損失
- **前期損益修正損**：過去の決算の間違いで費用の額が少なく計上されていたとき、当期で費用を計上するもの。

「収益」「費用」という言葉を使わない理由は？

ところで、なぜ「特別収益」「特別費用」といわずに、「特別利益」「特別損失」という言い方をするのでしょうか。

「費用」とは、収益を得るためにかかったお金のことでしたね。しかし、たとえば火災のために出て行ったお金は収益とは無関係ですから、「費用」とは呼ばずに「損失」というのです。

また、「収益」には必ず対応する費用がありますが、たとえば固定資産を売ったことで得たお金には、それに対応する費用はありません。このため、「特別収益」ではなく「特別利益」となるのです。

ただし、損益計算書上では、特別利益は収益に、特別損失は費用に、それぞれ分類されることになっています。

利益④ 税引前当期純利益

税金を引かれる前の利益はいくら？

■ (株)はちみつベアー　損益計算書　（単位：千円）

	第1期	第2期	第3期
I 売上高	100,000	400,000	1,000,000
II 売上原価			
期首商品棚卸高	—	2,000	10,000
当期商品仕入高	70,000	268,000	760,000
期末商品棚卸高	2,000	10,000	70,000
売上原価合計	68,000	260,000	700,000
売上総利益	32,000	140,000	300,000
III 販売費及び一般管理費			
給与	10,000	45,000	93,000
賞与	—	4,000	10,500
法定福利費	1,000	5,000	10,200
家賃	1,000	10,000	20,000
広告宣伝費	1,000	8,000	15,000
交際費	1,000	5,000	10,000
水道光熱費	500	1,000	3,000
旅費交通費	500	2,000	5,000
保険料	500	2,000	3,000
減価償却費	1,000	2,000	6,200
消耗品費	1,000	2,000	6,000
貸倒引当金繰入額	—	—	1,000
賞与引当金繰入額	—	—	10,000
退職給付引当金繰入額	—	—	3,000
雑費	500	2,500	5,000
販売費及び一般管理費合計	18,000	88,500	200,900
営業利益	14,000	51,500	99,100
IV 営業外収益			
受取利息	10	100	200
受取配当金	—	100	200
有価証券売却益	—	—	15,000
為替差益	—	300	500
営業外収益合計	10	500	15,900
V 営業外費用			
支払利息	90	2,000	5,000
為替差損	20	—	—
営業外費用合計	110	2,000	5,000
経常利益	13,900	50,000	110,000
VI 特別利益			
投資有価証券売却益	—	—	500
特別利益合計	—	—	500
VII 特別損失			
固定資産除却損	—	—	500
損害賠償損失	—	—	10,000
特別損失合計	—	—	10,500
税引前当期純利益	13,900	50,000	100,000
法人税・住民税及び事業税	5,600	20,000	45,600
法人税等調整額	—	—	5,600
当期純利益	8,300	30,000	60,000

見るのはココ！

特別利益と特別損失を考慮した利益

特別利益・特別損失がわかると、4つ目の利益がわかります。これが、税引前当期純利益です。

名前は長くて難しそうですが、出し方は簡単です。

経常利益 ＋ 特別利益 － 特別損失
＝
税引前当期純利益

これが最終的な利益でないことは、名前からもおわかりになりますよね。ここから税金を引くことで最終的な会社の利益が出るのです。

「いよいよ最終利益に近づいてきたよ！」

税金など

会社にはさまざまな税金を支払う義務がある

■ (株)はちみつベアー　損益計算書　　　（単位：千円）

	第1期	第2期	第3期
I 売上高	100,000	400,000	1,000,000
II 売上原価			
期首商品棚卸高	—	2,000	10,000
当期商品仕入高	70,000	268,000	760,000
期末商品棚卸高	2,000	10,000	70,000
売上原価合計	68,000	260,000	700,000
売上総利益	32,000	140,000	300,000
III 販売費及び一般管理費			
給与	10,000	45,000	93,000
賞与	—	4,000	10,500
法定福利費	1,000	5,000	10,200
家賃	1,000	10,000	20,000
広告宣伝費	1,000	8,000	15,000
交際費	1,000	5,000	10,000
水道光熱費	500	1,000	3,000
旅費交通費	500	2,000	5,000
保険料	500	2,000	3,000
減価償却費	1,000	2,000	6,200
消耗品費	1,000	2,000	6,000
貸倒引当金繰入額	—	—	1,000
賞与引当金繰入額	—	—	10,000
退職給付引当金繰入額	—	—	3,000
雑費	500	2,500	5,000
販売費及び一般管理費合計	18,000	88,500	200,900
営業利益	14,000	51,500	99,100
IV 営業外収益			
受取利息	10	100	200
受取配当金	—	100	200
有価証券売却益	—	—	15,000
為替差益	—	300	500
営業外収益合計	10	500	15,900
V 営業外費用			
支払利息	90	2,000	5,000
為替差損	20	—	—
営業外費用合計	110	2,000	5,000
経常利益	13,900	50,000	110,000
VI 特別利益			
投資有価証券売却益	—	—	500
特別利益合計	—	—	500
VII 特別損失			
固定資産除却損	—	—	500
損害賠償損失	—	—	10,000
特別損失合計	—	—	10,500
税引前当期純利益	13,900	50,000	100,000
法人税・住民税及び事業税	5,600	20,000	45,600
法人税等調整額	—	—	5,600
当期純利益	8,300	30,000	60,000

見るのはココ！

支払うべき税金はいくら？

　当期に払うべき税金を計算することは、会社が損益計算書を作成する目的の1つです。

　左ページの㈱はちみつベアーの損益計算書を見てください。**「法人税・住民税及び事業税」は、会社が1年間に得た「所得」（税法上の「利益」のこと）に応じて課せられる税金**です。㈱はちみつベアーが払う税金は、4,560万円です。

税務上の所得と会計上の利益を調整する

　ところで、その下に書かれている**法人税等調整額**とはなんでしょうか？　簡単にいってしまえば、法人税等調整額は**税務上の所得と会計上の利益の差を調整するもの**です。

　税金を取る側としては、会社がなんでもかんでも「費用」としてしまうと、本来支払ってもらうべき税金を取れません。このため、交際費や引当金など、損益計算書上では「費用」とされていても、税務上は費用として認めないものもあるのです。

　㈱はちみつベアーの場合も、損益計算書上の利益から支払うべき税金を計算すると4,000万円でしたが、実際には4,560万円の税金を支払っています。この差額の560万円が法人税等調整額です。なお、これと同額が「税金の前払い額」として、貸借対照表の資産の部に**繰延税金資産**（P 108参照）として計上されます。

　このように会計と税務の調整を行うことを**税効果会計**と呼びます。税効果会計を用いることによって、税引前当期純利益と当期純利益の金額の割合が大きくブレるのを防ぎ、会社の毎年の業績を比較しやすくしているのです。

利益⑤　当期純利益

当期純利益は会社が1年間で得た最終的な利益

■ (株)はちみつベアー　損益計算書　（単位:千円）

	第1期	第2期	第3期
Ⅰ 売上高	100,000	400,000	1,000,000
Ⅱ 売上原価			
期首商品棚卸高	—	2,000	10,000
当期商品仕入高	70,000	268,000	760,000
期末商品棚卸高	2,000	10,000	70,000
売上原価合計	68,000	260,000	700,000
売上総利益	32,000	140,000	300,000
Ⅲ 販売費及び一般管理費			
給与	10,000	45,000	93,000
賞与	—	4,000	10,500
法定福利費	1,000	5,000	10,200
家賃	1,000	10,000	20,000
広告宣伝費	1,000	8,000	15,000
交際費	1,000	5,000	10,000
水道光熱費	500	1,000	3,000
旅費交通費	500	2,000	5,000
保険料	500	2,000	3,000
減価償却費	1,000	2,000	6,200
消耗品費	1,000	2,000	6,000
貸倒引当金繰入額	—	—	1,000
賞与引当金繰入額	—	—	10,000
退職給付引当金繰入額	—	—	3,000
雑費	500	2,500	5,000
販売費及び一般管理費合計	18,000	88,500	200,900
営業利益	14,000	51,500	99,100
Ⅳ 営業外収益			
受取利息	10	100	200
受取配当金	—	100	200
有価証券売却益	—	—	15,000
為替差益	—	300	500
営業外収益合計	10	500	15,900
Ⅴ 営業外費用			
支払利息	90	2,000	5,000
為替差損	20	—	—
営業外費用合計	110	2,000	5,000
経常利益	13,900	50,000	110,000
Ⅵ 特別利益			
投資有価証券売却益	—	—	500
特別利益合計	—	—	500
Ⅶ 特別損失			
固定資産除却損	—	—	500
損害賠償損失	—	—	10,000
特別損失合計	—	—	10,500
税引前当期純利益	13,900	50,000	100,000
法人税・住民税及び事業税	5,600	20,000	45,600
法人税等調整額	—	—	5,600
当期純利益	8,300	30,000	60,000

見るのはココ！

当期純利益は最終的な利益

いよいよ最終利益である**当期純利益**です。当期純利益は、すべての費用や収益、利益や損失を考慮し、さらに税金を引かれて残った最終的な利益であり、5つの利益のなかでもとくに重要度の高いものです。

当期純利益は、次のように求めることができます。

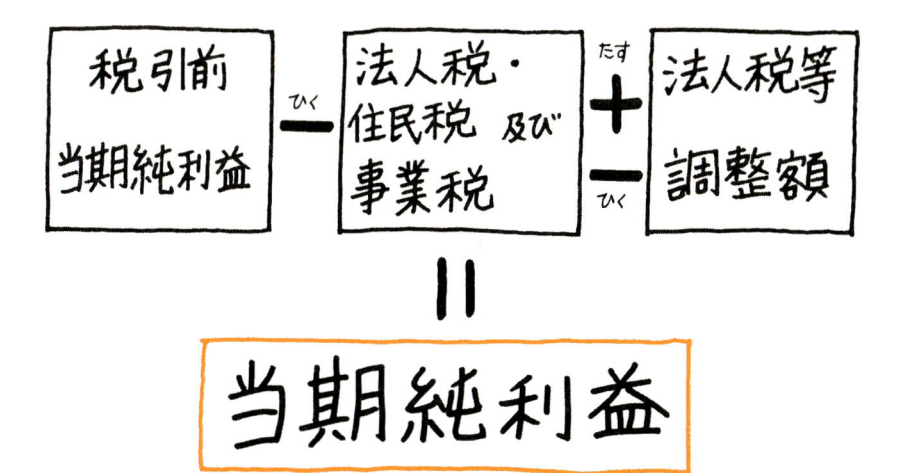

税引前当期純利益 － 法人税・住民税及び事業税 ＋／－ 法人税等調整額 ＝ 当期純利益

㈱はちみつベアーの損益計算書を見ると、第1期は830万円、第2期は3,000万円、第3期は6,000万円でした。

第3期も第2期より利益の金額を増やすことができて、クマ社長も一安心です。

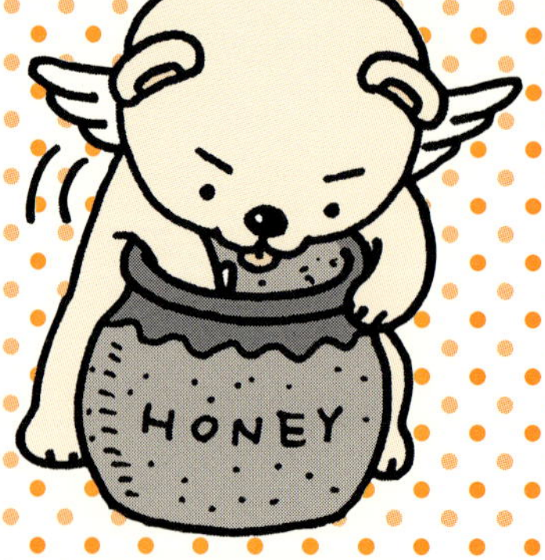
HONEY

PART 3
貸借対照表をマスターしよう

貸借対照表は、会社の財産をあらわします。
貸借対照表がわかれば、
会社にどんな財産が、
どのくらいあるのかが見えてきます。

久しぶりの再会に乾杯〜！
やっぱり学生時代の友だちって気楽でいいわ〜
は〜
みんな相変わらず独身だし
リョウコ、素敵な服着てるわね〜
そんなに稼いでるの？
全然！安月給だし、親から借金してるのよ〜
ヒトミは相変わらず地味ねえ〜
私は資格をとりたくてアルバイトしながら専門学校に行ってるからお金がなくって…
お金との付き合い方って人間性があらわれますねえ…
え？
借金したお金でブランド物の服を買うリョウコちゃん
アルバイトしたお金で学校に通うヒトミちゃん
なけなしのお給料を株につぎこむアオイちゃん
くま先生！
わっ
何？
結婚相手を選ぶときにはお金の稼ぎ方と使い方をチェックすることが欠かせません

実はコレ、会社も同じ！
どういうこと？
お金を「どうやって手に入れて」「どう使っているのか」を見ればどんな会社なのか見えてきます
それがわかるのが貸借対照表なのです！
貸借対照表
貸借対照表
資産
負債
純資産
運用方法
調達方法
左側にはお金の運用方法が
右側にはお金の調達方法が書かれているんですよ
調達方法と運用方法がわかるってことは、会社の財産が見えてくるのね！
その通り！貸借対照表で、まさにそれがわかるんです！
結婚相手の調達方法もわかるかしらっ！
……
がしっ
…かもねっ！
ではさっそく貸借対照表の中身を見ていきましょう！
はーい

貸借対照表とは？

資産・負債・純資産の3つから成り立っている

貸借対照表は会社の財産をあらわしている

　貸借対照表は、**会社の財産をあらわすこと、資産・負債・純資産の3つから成り立っている**ことは、PART1でも説明しましたね。純資産は以前は「**資本**」と呼ばれていましたが、平成18年5月の会社法施行に伴い新しい会計基準が導入され、「純資産」と呼ばれるようになりました。これについては、P120で詳しく説明します。

　ここでは、資産、負債、純資産がそれぞれ何を指しているのか、具体的に見ていきましょう。

資産・負債・純資産とは？

　㈱はちみつベアーには、定期預金、普通預金、現金、仕入れたはちみつ、自社ビル、土地など、さまざまな財産があります。これが、**資産**です。本当はクマ社長にとっての一番の財産は、「おいしいはちみつを全国に届けたい」という社員の熱い気持ちですが、残念ながらこれは会計上は財産とみなされません。

　ところで、㈱はちみつベアーは、こうした財産をどうやって手に入れたのでしょうか？　会社設立当時は、クマ社長の貯金や、

友人のアライさんの出資金がありましたね。その後、㈱はちみつベアーは順調に利益を上げていきました。さらに、「㈱はちみつベアーに出資したい」という人も増えました。

株主の出資金とこれまでのもうけなどの合計、これが、**純資産**であり、返済の必要のないお金です。

しかし、会社の経営にはいろいろお金がかかります。㈱はちみつベアーも、銀行からお金を借りています。これが**負債**であり、いつか返さなければいけないお金なのです。

まとめると、次のようになります。

- ◆**資産**：お金、商品などの会社が持っている財産
- ◆**負債**：借入金などの会社が負っている債務
- ◆**純資産**：株主が出資したお金と、これまで会社が稼いできたもうけなどの合計

会社には数字にできない価値がある

会計上は純資産の金額が会社の価値になります。純資産が10億円の会社なら、その会社の価値は10億円です。では、10億円あればその会社が買えるのでしょうか？

答えはノーです。決算書は会社を数字であらわしますが、会社の知名度や社員のやる気、将来の大発明につながる研究などは数字にすることはできません。企業買収のときにはこうした数字ではあらわしきれない価値が考慮され、純資産10億円の会社が15億円や20億円、ときには100億円という値段で買われることがあるのです。

貸借対照表のしくみ

右側にはお金の調達方法が
左側には運用方法が書かれている

右側と左側の金額は必ず一致する

　貸借対照表は、左側には資産を、右側には負債と純資産を表示すると決まっています。

　そして、左側の金額と右側の金額は必ず一致します。つまり、

$$資産 = 負債 + 純資産$$

という式が成り立つのです。貸借対照表のことを英語で「**バランスシート**」というのはこのためです。

　ちなみに、会計の専門用語で左側のことを**借方**、右側のことを**貸方**、といいます。言葉自体に深い意味はありませんが、「左＝借方」、「右＝貸方」ということだけは覚えておいてください。

　貸借対照表の右側は、会社のお金をどのような方法で調達してきたのかを、左側はどのように運用しているのかをあらわしています。

左は運用方法・右は調達方法

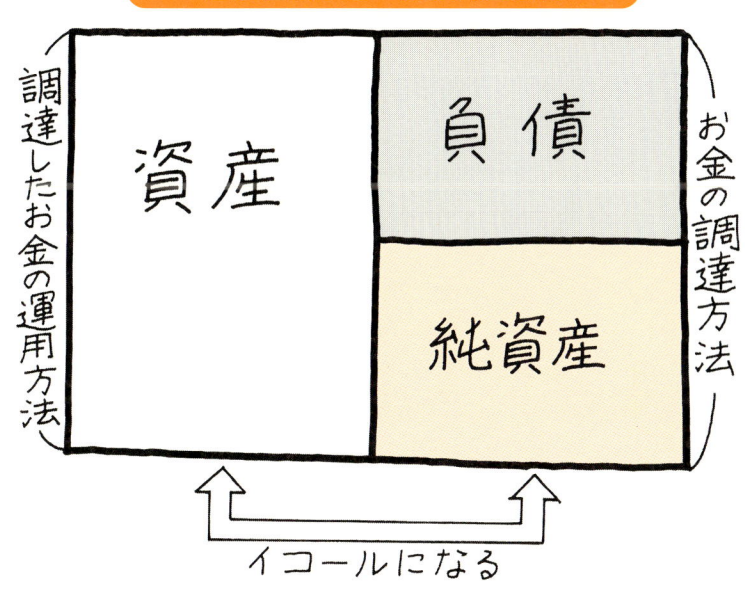

```
┌─調達したお金の運用方法─┐  ┌─お金の調達方法─┐
│      資産          │   負債        │
│                    ├───────────┤
│                    │   純資産       │
└────────────────────┴───────────┘
        ↑               ↑
        └── イコールになる ──┘
```

🏺 資産－負債がマイナスの会社はとっても危険！

資産＝負債＋純資産、ということは、

$$\boxed{純資産} = \boxed{資産} - \boxed{負債}$$

という式が成り立ちます。資産から負債を引いた数字、つまり純資産がマイナスの状態を**債務超過**（さいむちょうか）といいます。債務超過の会社は、支払わなければならないお金が持っているお金を超えているわけですから、大変危険です。債務超過になったらすぐに倒産す

るわけではありませんが、倒産にもっとも近い状態であるといえるでしょう。

　貸借対照表を見るときには、まず資産・負債・純資産の金額のバランスをチェックしてみるとよいでしょう。

貸借対照表はまずここをチェック！

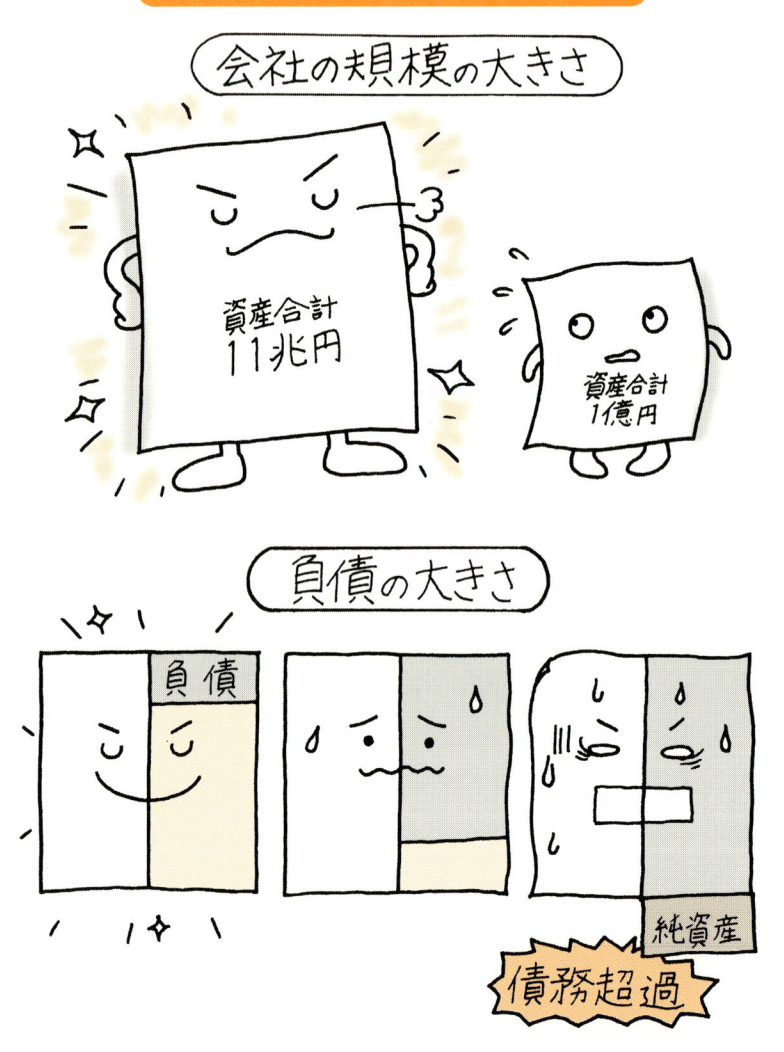

会社の規模の大きさ

資産合計
11兆円

資産合計
1億円

負債の大きさ

負債

純資産

債務超過

資産と負債

資産も負債もお金に
なりやすい順番に並んでいる

🏺 お金になりやすい順に並べていく

貸借対照表の左側には資産を、右側には負債と純資産を並べる、ということはすでに説明しました。でも、単に並べればよい、というものではないのです。**資産と負債は、お金になりやすい順に並べていく**のです。

一口に資産と言っても、「お金へのなりやすさ＝換金性」には差があります。商品のはちみつを売ればお金になりますが、会社が建っている土地を同じように売るのは大変です。

同様に、負債には1ヵ月以内に返済しなければならないものもあれば、10年かけて返済すればよい、というものもあります。

このため、1年以内に現金化できる、あるいは返済しなければならないものは**流動**、それ以外のものは**固定**に分類します。これを、**ワンイヤー・ルール**（1年基準）といいます。

資産と負債は、次のように分類することができるのです。

【資産】
- **流動資産**：短期間（通常1年以内）に現金化できる資産
- **固定資産**：短期間でお金にする目的で所有していないもの

【負債】
- **流動負債**：短期間（通常1年以内）で返済する必要のある負債
- **固定負債**：1年以内に返済する必要のない負債

　これをお金になりやすい（お金が出て行くまでの期間が短い）順に並べると、貸借対照表は次のようになります。

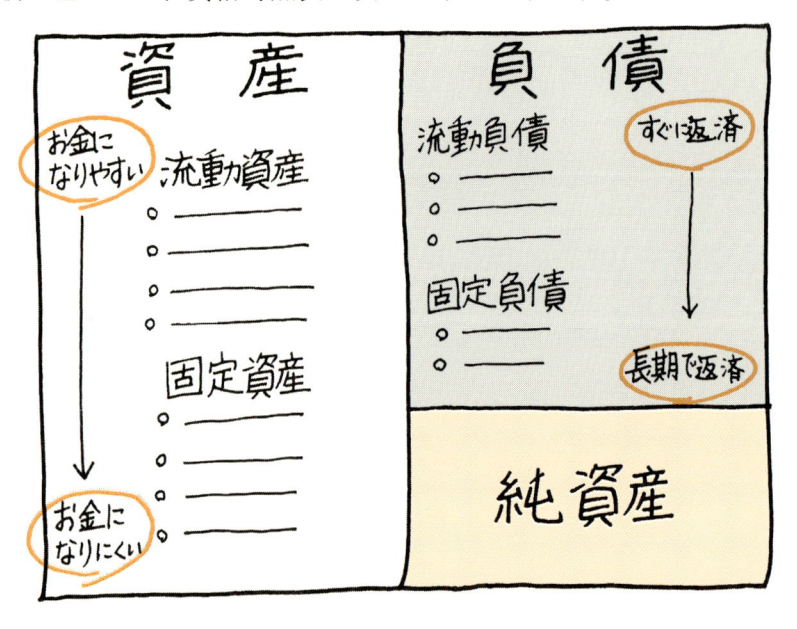

```
┌─────────────────┬─────────────────┐
│     資 産       │     負 債       │
│ お金に          │  流動負債       │ すぐに返済
│ なりやすい      │  ○────          │    │
│   ↓ 流動資産    │  ○────          │    │
│   ○────         │                 │    ↓
│   ○────         │  固定負債       │
│   ○────         │  ○────          │ 長期で返済
│                 │  ○────          │
│     固定資産    ├─────────────────┤
│   ○────         │                 │
│   ○────         │     純資産      │
│   ○────         │                 │
│ お金に          │                 │
│ なりにくい      │                 │
└─────────────────┴─────────────────┘
```

　さらに、流動資産、固定資産、流動負債、固定負債のなかでも、お金になりやすい（お金が出て行くまでの期間が短い）ものから並べていくことになっています。

流動資産と流動負債はバランスが大切

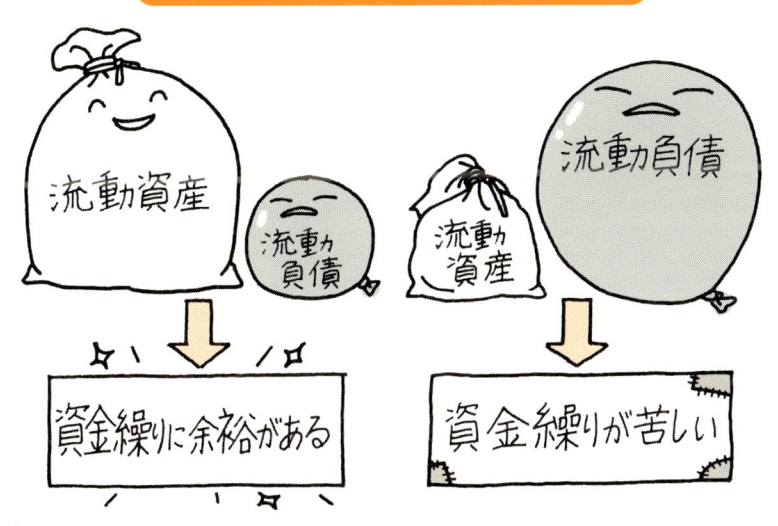

流動資産 > 流動負債 → 資金繰りに余裕がある

流動資産 < 流動負債 → 資金繰りが苦しい

流動資産と流動負債で会社の安全性がわかる

　なぜ資産や負債を「流動」や「固定」に分類しているのでしょうか。もっとも重要な理由は、会社の安全性、言い換えれば支払能力をあらわすためです。

　たとえば、㈱はちみつベアーが、数日中に養蜂家に100万円を支払わなければならない場合、いくら自社ビルに1億円の価値があっても、現金や預金がまったくなければ、支払うことはできません。

　会社は、経営を行っていくなかで、さまざまな支出が必要となります。1年間のうちに支払わなければならない負債をあらわす「流動負債」に対して、「流動資産」がどのくらいあるかを知ることで、会社の支払能力が高いか低いかを判断することができるのです。

資産① 流動資産

１年以内にお金にできるのが流動資産

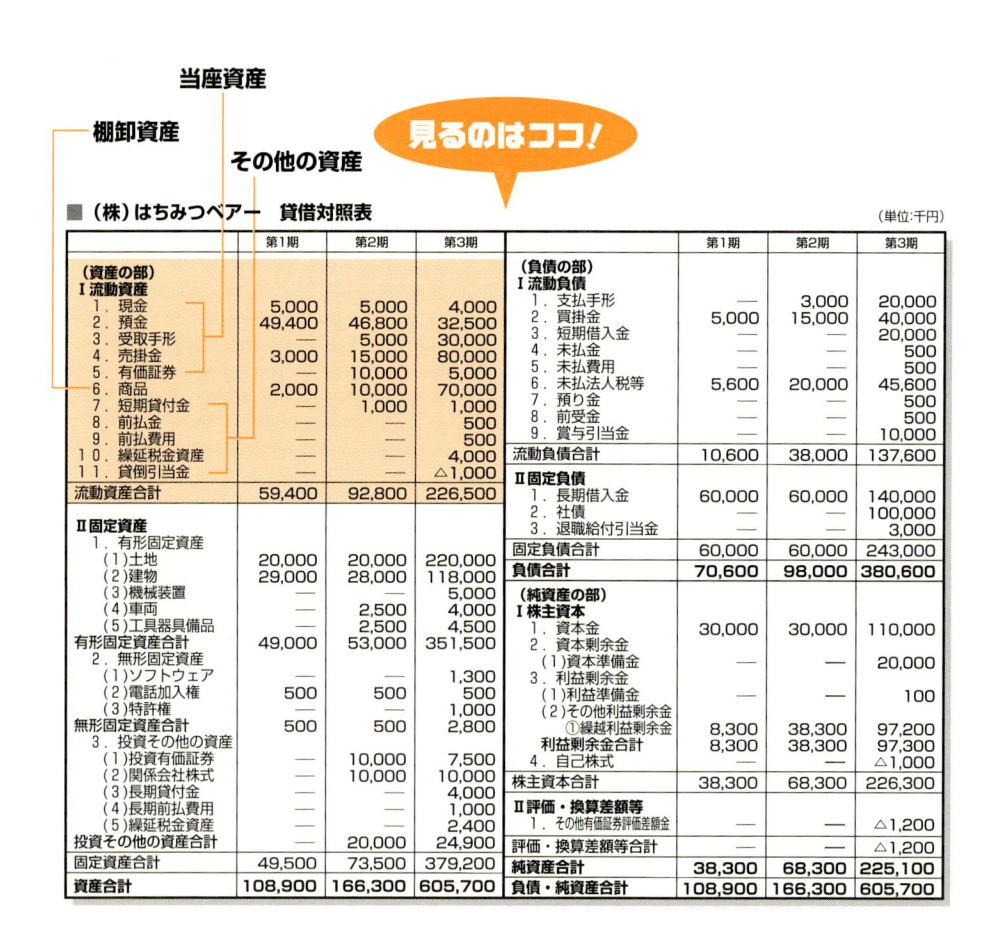

棚卸資産
当座資産
その他の資産
見るのはココ！

■ （株）はちみつベアー　貸借対照表　（単位：千円）

	第1期	第2期	第3期
（資産の部）			
I 流動資産			
1．現金	5,000	5,000	4,000
2．預金	49,400	46,800	32,500
3．受取手形	―	5,000	30,000
4．売掛金	3,000	15,000	80,000
5．有価証券	―	10,000	5,000
6．商品	2,000	10,000	70,000
7．短期貸付金	―	1,000	1,000
8．前払金	―	―	500
9．前払費用	―	―	500
10．繰延税金資産	―	―	4,000
11．貸倒引当金	―	―	△1,000
流動資産合計	59,400	92,800	226,500
II 固定資産			
1．有形固定資産			
（1）土地	20,000	20,000	220,000
（2）建物	29,000	28,000	118,000
（3）機械装置	―	―	5,000
（4）車両	―	2,500	4,000
（5）工具器具備品	―	2,500	4,500
有形固定資産合計	49,000	53,000	351,500
2．無形固定資産			
（1）ソフトウェア	―	―	1,300
（2）電話加入権	500	500	500
（3）特許権	―	―	1,000
無形固定資産合計	500	500	2,800
3．投資その他の資産			
（1）投資有価証券	―	10,000	7,500
（2）関係会社株式	―	10,000	10,000
（3）長期貸付金	―	―	4,000
（4）長期前払費用	―	―	1,000
（5）繰延税金資産	―	―	2,400
投資その他の資産合計	―	20,000	24,900
固定資産合計	49,500	73,500	379,200
資産合計	108,900	166,300	605,700

	第1期	第2期	第3期
（負債の部）			
I 流動負債			
1．支払手形	―	3,000	20,000
2．買掛金	5,000	15,000	40,000
3．短期借入金	―	―	20,000
4．未払金	―	―	500
5．未払費用	―	―	500
6．未払法人税等	5,600	20,000	45,600
7．預り金	―	―	500
8．前受金	―	―	500
9．賞与引当金	―	―	10,000
流動負債合計	10,600	38,000	137,600
II 固定負債			
1．長期借入金	60,000	60,000	140,000
2．社債	―	―	100,000
3．退職給付引当金	―	―	3,000
固定負債合計	60,000	60,000	243,000
負債合計	70,600	98,000	380,600
（純資産の部）			
I 株主資本			
1．資本金	30,000	30,000	110,000
2．資本剰余金			
（1）資本準備金	―	―	20,000
3．利益剰余金			
（1）利益準備金	―	―	100
（2）その他利益剰余金			
①繰越利益剰余金	8,300	38,300	97,200
利益剰余金合計	8,300	38,300	97,300
4．自己株式	―	―	△1,000
株主資本合計	38,300	68,300	226,300
II 評価・換算差額等			
1．その他有価証券評価差額金	―	―	△1,200
評価・換算差額等合計	―	―	△1,200
純資産合計	38,300	68,300	225,100
負債・純資産合計	108,900	166,300	605,700

流動資産は3つに分けられる

流動資産は、現金化しやすい順に次の3つに分けられます。

①**当座資産**（とうざしさん）
②**棚卸資産**（たなおろししさん）
③**その他の資産**

それぞれについて、主なものを紹介していきましょう。

主な当座資産

- **現金・預金**：現金は会社が手許に持っているお金、預金は会社が銀行に預けているお金
- **受取手形**：代金の代わりに受け取った手形で、まだ手形の決済期日がきていないため現金化されていないもの
- **売掛金**（うりかけきん）：商品を得意先に販売したものの、まだ回収していない代金
- **有価証券**：株式、債券、投資信託など

PART3 貸借対照表をマスターしよう

主な棚卸資産

製造業か小売業かなどで変わってきますが、主に以下のようなものがあります。

- **商品**：他から仕入れたものを販売している場合の在庫
- **製品**：自分の会社でつくったものを販売している場合の在庫
- **材料**：製品をつくるために買った材料で、期末日の時点でまだ実際には使われていないもの
- **仕掛品（しかかりひん）**：製品をつくる途中の段階のもの、つまり、つくりかけの製品

棚卸資産は多ければよいというものではない

㈱はちみつベアーの棚卸資産は、はちみつやローヤルゼリーなどの商品の在庫です。貸借対照表を見ると、現在、7,000万円分の在庫があることがわかります。

ところで、「資産は多ければ多いほどよい」と思っている人もいるかもしれませんが、この棚卸資産、なかでも商品が多すぎる会社は注意が必要です。

会社は、お金を使って商品を仕入れ、それを販売してお金を回収し、そのお金でまた商品を仕入れ……という流れによって、お金を増やしています。㈱はちみつベアーでは仕入れたはちみつを売った差額によって利益を上げています。

当然のことながら、お金を使ってはちみつを仕入れても、売れ

なければお金が入ってくることはありません。売れない状態が続いた場合、在庫がどんどん増えて、倉庫の家賃など、保管費用ばかりがかさんでいきます。仕方ないから1,000円で仕入れたはちみつを500円で売ったり、最悪の場合は捨てることになってしまうのです。

といっても、「商品は少ないほうがよい」というわけでもありません。はちみつの注文をとっても、「在庫がないので1ヵ月待ってもらえませんか？」などと言ったら、「じゃあ別のところで買うよ」ということになりかねません。せっかくのチャンスを逃してしまうのです。

在庫は多すぎても少なすぎてもダメで、商品管理を行う人には、微妙な舵取りが求められているのです。

主なその他の資産

- **短期貸付金**：会社が貸し付けたお金のうち、1年以内に返済期日が来るもの。返済日まではお金にはならないため、当座資産や棚卸資産よりも流動性が低くなる
- **前払金**：商品などを購入する前に、相手先にあらかじめ支払ったお金
- **前払費用**：支払った費用のうち、来期以降の費用とすべき金額。たとえば、㈱はちみつベアーでは、3月中に4月分の店舗家賃と、4月から来年の3月までの保険料、合計50万円を支払っているが、決算日は3月31日なので50万円は来期の費用になる。当期では貸借対照表に「前払費用」として計上し、来期になったら費用として計上する
- **繰延税金資産**：将来この分だけ税金の支払いが少なくなる可能性があることを示す。たとえば、現在、貸借対照表では㈱ねずみレストランの倒産を予想して100万円を貸倒引当金として計上しているが、税務上でこれが考慮されるのは、実際に㈱ねずみレストランが倒産してから。とりあえず今期は売掛金が回収できることを前提として、税金を支払わなくてはならず、決算書の上では、税金を前払いしていることになる。㈱ねずみレストランが実際に倒産すれば将来支払う税金が減るため、資産として計上される
- **貸倒引当金**：売掛金や受取手形などのうち、取引先の倒産などが予想され回収が難しいものをあらかじめ資産の金額から引いておく

引当金は将来に備えるお金

決算書を見ると、ときどき「○○引当金」という言葉を目にします。引当金とは、将来発生が予想される支出や損失に備えるため前もって準備しておくべき金額です。

「貸倒引当金」は、売上代金や貸したお金が返ってこないことを予想してそれに備えるための、「退職給付引当金」は、従業員の退職の際の退職金の支払いに備えるための、「賞与引当金」は、従業員に支払う賞与（ボーナス）に備えるためのものです。

繰延資産ってなんだろう？

資産には流動資産、固定資産のほかにも**繰延資産**というものもあります。繰延資産は本来は費用に分類されるものですが、会社の選択により、特別に資産に分類することが認められています。

繰延資産には、主に以下のものがあります。
- **創立費**：会社を設立させるために使った費用
- **株式交付費**：増資など新株を発行するときの費用
- **社債発行費**：社債を発行するときに使った費用

資産② 固定資産

会社の運営のために長期間使用するのが固定資産

見るのはココ！

■ （株）はちみつベアー　貸借対照表　　　　　　　　　　　　　　　　　　　　　　　　（単位：千円）

	第1期	第2期	第3期		第1期	第2期	第3期
（資産の部）				**（負債の部）**			
Ⅰ 流動資産				**Ⅰ 流動負債**			
1．現金	5,000	5,000	4,000	1．支払手形	—	3,000	20,000
2．預金	49,400	46,800	32,500	2．買掛金	5,000	15,000	40,000
3．受取手形	—	5,000	30,000	3．短期借入金	—	—	20,000
4．売掛金	3,000	15,000	80,000	4．未払金	—	—	500
5．有価証券	—	10,000	5,000	5．未払費用	—	—	500
6．商品	2,000	10,000	70,000	6．未払法人税等	5,600	20,000	45,600
7．短期貸付金	—	1,000	1,000	7．預り金	—	—	500
8．前払金	—	—	500	8．前受金	—	—	500
9．前払費用	—	—	500	9．賞与引当金	—	—	10,000
10．繰延税金資産	—	—	4,000	流動負債合計	10,600	38,000	137,600
11．貸倒引当金	—	—	△1,000	**Ⅱ 固定負債**			
流動資産合計	59,400	92,800	226,500	1．長期借入金	60,000	60,000	140,000
Ⅱ 固定資産				2．社債	—	—	100,000
1．有形固定資産				3．退職給付引当金	—	—	3,000
（1）土地	20,000	20,000	220,000	固定負債合計	60,000	60,000	243,000
（2）建物	29,000	28,000	118,000	負債合計	70,600	98,000	380,600
（3）機械装置	—	—	5,000	**（純資産の部）**			
（4）車両	—	2,500	4,000	**Ⅰ 株主資本**			
（5）工具器具備品	—	2,500	4,500	1．資本金	30,000	30,000	110,000
有形固定資産合計	49,000	53,000	351,500	2．資本剰余金			
2．無形固定資産				（1）資本準備金	—	—	20,000
（1）ソフトウェア	—	—	1,300	3．利益剰余金			
（2）電話加入権	500	500	500	（1）利益準備金	—	—	100
（3）特許権	—	—	1,000	（2）その他利益剰余金			
無形固定資産合計	500	500	2,800	①繰越利益剰余金	8,300	38,300	97,200
3．投資その他の資産				利益剰余金合計	8,300	38,300	97,300
（1）投資有価証券	—	10,000	7,500	4．自己株式	—	—	△1,000
（2）関係会社株式	—	10,000	10,000	株主資本合計	38,300	68,300	226,300
（3）長期貸付金	—	—	4,000	**Ⅱ 評価・換算差額等**			
（4）長期前払費用	—	—	1,000	1．その他有価証券評価差額金	—	—	△1,200
（5）繰延税金資産	—	—	2,400	評価・換算差額等合計	—	—	△1,200
投資その他の資産合計	—	20,000	24,900	純資産合計	38,300	68,300	225,100
固定資産合計	49,500	73,500	379,200				
資産合計	108,900	166,300	605,700	負債・純資産合計	108,900	166,300	605,700

有形・無形・投資その他の資産がある

　固定資産は、原則として1年以内にお金にならない資産でしたね。でも、商品のはちみつが1年以上売れなくても、流動資産から固定資産にはなりません。**固定資産とは、会社の運営のために長期間使用するもの**であり、商品のように直接的に利益を得るために買ったものは含まれないのです。

　固定資産は、次の3つに分けられます。

◆**有形固定資産**：土地や建物など「かたちの見える」資産
◆**無形固定資産**：ソフトウェアや特許権など「かたちの見えない」資産
◆**投資その他の資産**：1年以上の保有が見込まれる資産で、有形固定資産にも無形固定資産にもあてはまらないもの

それぞれについて、主なものを見ていきましょう。

主な有形固定資産

- **土地**：所有する土地
- **建物**：自社ビルや倉庫など
- **機械装置**：梱包機械など
- **車両**：車など
- **工具器具備品**：コピー機など

主な無形固定資産

- **ソフトウェア**：在庫管理ソフト、販売管理ソフトなど
- **電話加入権**：電話の権利
- **特許権**：特許を取得するのにかかった費用を資産として計上

主な投資その他の資産

- **投資有価証券**：有価証券のうち、取引先の株式や社債など、長期間売るつもりのないものは流動資産ではなく、「投資有価証券」として固定資産に分類される
- **関係会社株式**：関係会社とは、子会社（原則として議決権の過半数を所有）、関連会社（原則として議決権の20％以上を保有）などのこと。関係会社の株は短期に売買する目的で所有しているわけではないので、固定資産に分類される
- **長期貸付金**：貸付金のなかでも返済期日が1年以上先のもの
- **長期前払費用**：前払費用のうち、1年以上先の費用を前払いしているもの
- **繰延税金資産**：繰延税金資産（P108参照）のなかでも、支払う税金の減る効果があらわれるのが1年以上先と見込まれているものは固定資産に分類される

減損会計ってなんだろう？

　固定資産は、買ったときの価格で計上されるのが基本です。しかし、購入時からその価値が大きく下がってしまった場合のみ、買ったときの値段ではなく、現在の価値（時価）で計上しよう、というのが減損会計です。

　土地は、使用しても価値が下がりませんから、減価償却はせず、買ったときの価格で計上されるのが基本です。ところが、たとえば10年前に㈱ねずみレストランが10億円で買った土地は、もし今売っても3億円にしかなりません。

　会社が保有している土地などの固定資産の時価（今売った場合の値段）が大きく下がった場合、貸借対照表上の金額を、買った当時の値段（10億円）から、実際の価値（3億円）に修正します。さらに損益計算書に、差額（7億円）を減損損失として計上します。

　このように、固定資産が帳簿上の価格を大きく下回ったときに差額を損失として処理することを、**減損会計**といいます。

　日本では2006年の3月決算から、固定資産の減損会計が導入されました。バブル期の土地の値段がもっとも高いときに不動産を購入していた会社のなかには、何百億円もの減損損失を計上しなければならないところもありました。

　減損会計が適用されるのは、その価値が「大きく下がった場合」のみです。値上がりした場合や、ちょっとくらいの値下がりでは、問題になりません。

負債①　流動負債

1年以内に出て行くお金「流動負債」とはどんなもの？

見るのはココ！

■ (株)はちみつベアー　貸借対照表　　　　　　　　　　　　　　　　　　　　　　　　　　(単位:千円)

	第1期	第2期	第3期		第1期	第2期	第3期
(資産の部)				**(負債の部)**			
Ⅰ 流動資産				**Ⅰ 流動負債**			
1．現金	5,000	5,000	4,000	1．支払手形	—	3,000	20,000
2．預金	49,400	46,800	32,500	2．買掛金	5,000	15,000	40,000
3．受取手形	—	5,000	30,000	3．短期借入金	—	—	20,000
4．売掛金	3,000	15,000	80,000	4．未払金	—	—	500
5．有価証券	—	10,000	5,000	5．未払費用	—	—	500
6．商品	2,000	10,000	70,000	6．未払法人税等	5,600	20,000	45,600
7．短期貸付金	—	1,000	1,000	7．預り金	—	—	500
8．前払金	—	—	500	8．前受金	—	—	500
9．前払費用	—	—	500	9．賞与引当金	—	—	10,000
10．繰延税金資産	—	—	4,000	流動負債合計	10,600	38,000	137,600
11．貸倒引当金	—	—	△1,000	**Ⅱ 固定負債**			
流動資産合計	59,400	92,800	226,500	1．長期借入金	60,000	60,000	140,000
Ⅱ 固定資産				2．社債	—	—	100,000
1．有形固定資産				3．退職給付引当金	—	—	3,000
(1)土地	20,000	20,000	220,000	固定負債合計	60,000	60,000	243,000
(2)建物	29,000	28,000	118,000	負債合計	70,600	98,000	380,600
(3)機械装置	—	—	5,000	**(純資産の部)**			
(4)車両	—	2,500	4,000	**Ⅰ 株主資本**			
(5)工具器具備品	—	2,500	4,500	1．資本金	30,000	30,000	110,000
有形固定資産合計	49,000	53,000	351,500	2．資本剰余金			
2．無形固定資産				(1)資本準備金	—	—	20,000
(1)ソフトウェア	—	—	1,300	3．利益剰余金			
(2)電話加入権	500	500	500	(1)利益準備金	—	—	100
(3)特許権	—	—	1,000	(2)その他利益剰余金			
無形固定資産合計	500	500	2,800	①繰越利益剰余金	8,300	38,300	97,200
3．投資その他の資産				利益剰余金合計	8,300	38,300	97,300
(1)投資有価証券	—	10,000	7,500	4．自己株式	—	—	△1,000
(2)関係会社株式	—	10,000	10,000	株主資本合計	38,300	68,300	226,300
(3)長期貸付金	—	—	4,000	**Ⅱ 評価・換算差額等**			
(4)長期前払費用	—	—	1,000	1．その他有価証券評価差額金	—	—	△1,200
(5)繰延税金資産	—	—	2,400	評価・換算差額等合計	—	—	△1,200
投資その他の資産合計	—	20,000	24,900	純資産合計	38,300	68,300	225,100
固定資産合計	49,500	73,500	379,200				
資産合計	108,900	166,300	605,700	**負債・純資産合計**	108,900	166,300	605,700

流動負債には何がある？

　負債は流動負債と固定負債に分けられますが、まずは流動負債について見ていきます。流動負債とは、1年以内に返済しなければならないものでしたね。ではさっそく、主な流動負債を見ていきましょう。

主な流動負債

- **支払手形**：商品代金の代わりに渡した手形で、まだ手形の決済期日がきていないもの
- **買掛金**（かいかけきん）：商品などをツケで購入した場合に用いられる
- **短期借入金**：銀行などからの借入金のうち、返済期日が1年以内にくるもの
- **未払金**：商品以外のものやサービスを買ってその代金をまだ支払っていない場合に用いられる
- **未払費用**：当期に支払うべき費用のうち、まだ支払っていないもの。たとえば、利息を毎年6月と12月にまとめて払うことになっている場合、3月31日の決算日の時点で1～3月分が未払いとなる。ただし、1～3月分の利息を支払わなければならないのは6月であるから決算日では支払い義務が生じていない。したがって未払費用とされる。未払金と未払費用の区別は難しいが、未払金はすでに支払いの義務が発生しているもの、未払費用は支払いの義務はまだないが費用として発生しているものと覚えるとよい
- **未払法人税等**：当期の利益に対して支払うべき税金の金額

でまだ支払っていないもの
- **預り金**：従業員の給料から天引きして、後日支払う予定の税金や社会保険料など
- **前受金**：商品を販売する前にお客からあらかじめ受け取ったお金
- **賞与引当金**：将来支払われる賞与のうち、あらかじめ当期に準備しておくべき金額
- **繰延税金負債**：会計上は費用にできないけれども、税務上は特別に費用にできる場合があり、当期に支払う税金が少なくすむことがある。しかし、これは将来発生する費用を先取りしているものであり、その分だけ将来支払うべき税金が増える。この金額が負債として計上される。資産のところで説明した「繰延税金資産」の逆と考えるとよい

PART3 貸借対照表をマスターしよう

「1年なんてあっという間だからね〜」

負債② 固定負債

1年以上後に出て行くお金「固定負債」とはどんなもの？

見るのはココ！

■（株）はちみつベアー　貸借対照表　　　　　　　　　　　　　　　　　　　　　（単位:千円）

	第1期	第2期	第3期		第1期	第2期	第3期
（資産の部）				**（負債の部）**			
Ⅰ 流動資産				**Ⅰ 流動負債**			
1．現金	5,000	5,000	4,000	1．支払手形	—	3,000	20,000
2．預金	49,400	46,800	32,500	2．買掛金	5,000	15,000	40,000
3．受取手形	—	5,000	30,000	3．短期借入金	—	—	20,000
4．売掛金	3,000	15,000	80,000	4．未払金	—	—	500
5．有価証券	—	10,000	5,000	5．未払費用	—	—	500
6．商品	2,000	10,000	70,000	6．未払法人税等	5,600	20,000	45,600
7．短期貸付金	—	1,000	1,000	7．預り金	—	—	500
8．前払金	—	—	500	8．前受金	—	—	500
9．前払費用	—	—	500	9．賞与引当金	—	—	10,000
10．繰延税金資産	—	—	4,000	流動負債合計	10,600	38,000	137,600
11．貸倒引当金	—	—	△1,000	**Ⅱ 固定負債**			
流動資産合計	59,400	92,800	226,500	1．長期借入金	60,000	60,000	140,000
				2．社債	—	—	100,000
Ⅱ 固定資産				3．退職給付引当金	—	—	3,000
1．有形固定資産				固定負債合計	60,000	60,000	243,000
（1）土地	20,000	20,000	220,000	負債合計	70,600	98,000	380,600
（2）建物	29,000	28,000	118,000	**（純資産の部）**			
（3）機械装置	—	—	5,000	**Ⅰ 株主資本**			
（4）車両	—	2,500	4,000	1．資本金	30,000	30,000	110,000
（5）工具器具備品	—	2,500	4,500	2．資本剰余金			
有形固定資産合計	49,000	53,000	351,500	（1）資本準備金	—	—	20,000
2．無形固定資産				3．利益剰余金			
（1）ソフトウェア	—	—	1,300	（1）利益準備金	—	—	100
（2）電話加入権	500	500	500	（2）その他利益剰余金			
（3）特許権	—	—	1,000	①繰越利益剰余金	8,300	38,300	97,200
無形固定資産合計	500	500	2,800	利益剰余金合計	8,300	38,300	97,300
3．投資その他の資産				4．自己株式	—	—	△1,000
（1）投資有価証券	—	10,000	7,500	株主資本合計	38,300	68,300	226,300
（2）関係会社株式	—	10,000	10,000	**Ⅱ 評価・換算差額等**			
（3）長期貸付金	—	—	4,000	1．その他有価証券評価差額金	—	—	△1,200
（4）長期前払費用	—	—	1,000	評価・換算差額等合計	—	—	△1,200
（5）繰延税金資産	—	—	2,400				
投資その他の資産合計	—	20,000	24,900				
固定資産合計	49,500	73,500	379,200	純資産合計	38,300	68,300	225,100
資産合計	108,900	166,300	605,700	負債・純資産合計	108,900	166,300	605,700

固定負債には何がある？

固定負債は1年以上後にお金が出て行くものをいいます。固定負債には、次のようなものがあります。

主な固定負債

- **長期借入金**：銀行などからの借入金のうち、返済期日が1年以上後にくるもの
- **社債**（しゃさい）：会社が投資家や金融機関などに対して発行する債券。簡単に言えば「借用証書」のようなもので、借入れの一種と考えてよい
- **退職給付引当金**（たいしょくきゅうふひきあてきん）：社員が退職したときに支払う退職金を、前もって確保しておくもの

固定負債は安全の証拠？

みなさんも、倒産の危険の高い会社に長い間お金を貸したり、その会社の社債を買ったりしようと思わないでしょう。

負債はないに越したことはありませんが、長期間の借入れができたり、社債を発行したりすることができるということは、一定の安全性を持った会社であるということもできるのです。

また、短期借入金のように返済を急ぐ必要はありませんから、調達した資金を安全に、計画的に使用することができます。

純資産①
会社法施行により「資本」は「純資産」に

会社法施行に伴い、新しい会計基準が適用された

　純資産とは、株主が出資したお金と、これまで会社が稼いできたもうけなどの合計で返済の必要はない、ということは、P 97でも説明しましたね。

　実は「純資産の部」は、つい最近まで「資本の部」と呼ばれていました。しかし、平成18年5月の新会社法施行以後の決算では、新しい会計基準が適用されることになり、決算書をつくる際のルールにも、変更が行われました。

　もっとも大きな変更は、**貸借対照表の「資本」が「純資産」となった**ことです。単に名前が変わっただけではなく、この2つがあらわすものはちょっと違います。

　資本と純資産の違いを、簡単に説明していきましょう。

資本と純資産はどう違う？

　一昔前まで、貸借対照表の貸方における「負債」は「株主以外のもの」、「資本」は「株主のもの」という説明が成り立っていました。しかし近年、会計基準が改正されるなかで、「資本」のなかに「株主のもの」でないものが混ざり込んでしまうようになっ

たのです。

そこで「負債」は「将来誰かに返済しなければならないもの」とし、資産から負債を差し引いた残りを「純資産」とすることに決めたのです。具体的には、次のように変わりました。

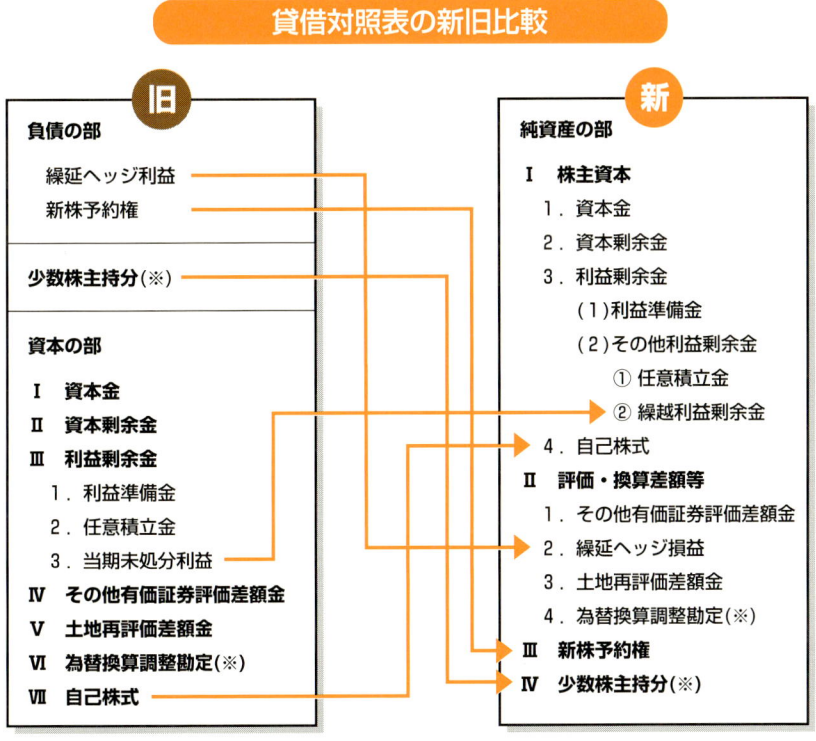

貸借対照表の新旧比較

【旧】

負債の部
- 繰延ヘッジ利益
- 新株予約権

少数株主持分（※）

資本の部
- Ⅰ　資本金
- Ⅱ　資本剰余金
- Ⅲ　利益剰余金
  - 1．利益準備金
  - 2．任意積立金
  - 3．当期未処分利益
- Ⅳ　その他有価証券評価差額金
- Ⅴ　土地再評価差額金
- Ⅵ　為替換算調整勘定（※）
- Ⅶ　自己株式

【新】

純資産の部
- Ⅰ　株主資本
  - 1．資本金
  - 2．資本剰余金
  - 3．利益剰余金
    - （1）利益準備金
    - （2）その他利益剰余金
      - ① 任意積立金
      - ② 繰越利益剰余金
  - 4．自己株式
- Ⅱ　評価・換算差額等
  - 1．その他有価証券評価差額金
  - 2．繰延ヘッジ損益
  - 3．土地再評価差額金
  - 4．為替換算調整勘定（※）
- Ⅲ　新株予約権
- Ⅳ　少数株主持分（※）

(※)は連結貸借対照表にて使用される勘定科目

　新しい基準では、純資産のうち「株主のもの」に相当するものを「**株主資本**」として区分しています。これ以外にも、科目の名称が変わったり、以前は負債の部とされていた**新株予約権**（P128参照）と、負債の部と資本の部の間にあった**少数株主持分**（連結貸借対照表のみ　P131参照）が純資産の部に含まれるようになりました。

純資産② 株主資本

株主の持ちものは株主資本

見るのはココ!

■ (株)はちみつベアー　貸借対照表　　　　　　　　　　　　　　　　　　　　　　　　(単位:千円)

	第1期	第2期	第3期		第1期	第2期	第3期
(資産の部)				**(負債の部)**			
Ⅰ 流動資産				**Ⅰ 流動負債**			
1. 現金	5,000	5,000	4,000	1. 支払手形	—	3,000	20,000
2. 預金	49,400	46,800	32,500	2. 買掛金	5,000	15,000	40,000
3. 受取手形	—	5,000	30,000	3. 短期借入金	—	—	20,000
4. 売掛金	3,000	15,000	80,000	4. 未払金	—	—	500
5. 有価証券	—	10,000	5,000	5. 未払費用	—	—	500
6. 商品	2,000	10,000	70,000	6. 未払法人税等	5,600	20,000	45,600
7. 短期貸付金	—	1,000	1,000	7. 預り金	—	—	500
8. 前払金	—	—	500	8. 前受金	—	—	500
9. 前払費用	—	—	500	9. 賞与引当金	—	—	10,000
10. 繰延税金資産	—	—	4,000	流動負債合計	10,600	38,000	137,600
11. 貸倒引当金	—	—	△1,000	**Ⅱ 固定負債**			
流動資産合計	59,400	92,800	226,500	1. 長期借入金	60,000	60,000	140,000
				2. 社債	—	—	100,000
Ⅱ 固定資産				3. 退職給付引当金	—	—	3,000
1. 有形固定資産				固定負債合計	60,000	60,000	243,000
(1) 土地	20,000	20,000	220,000	**負債合計**	70,600	98,000	380,600
(2) 建物	29,000	28,000	118,000	**(純資産の部)**			
(3) 機械装置	—	—	5,000	**Ⅰ 株主資本**			
(4) 車両	—	2,500	4,000	1. 資本金	30,000	30,000	110,000
(5) 工具器具備品	—	2,500	4,500	2. 資本剰余金			
有形固定資産合計	49,000	53,000	351,500	(1) 資本準備金	—	—	20,000
2. 無形固定資産				3. 利益剰余金			
(1) ソフトウェア	—	—	1,300	(1) 利益準備金	—	—	100
(2) 電話加入権	500	500	500	(2) その他利益剰余金			
(3) 特許権	—	—	1,000	①繰越利益剰余金	8,300	38,300	97,200
無形固定資産合計	500	500	2,800	利益剰余金合計	8,300	38,300	97,300
3. 投資その他の資産				4. 自己株式	—	—	△1,000
(1) 投資有価証券	—	—	7,500	株主資本合計	38,300	68,300	226,300
(2) 関係会社株式	—	10,000	10,000	**Ⅱ 評価・換算差額等**			
(3) 長期貸付金	—	10,000	4,000	1. その他有価証券評価差額金	—	—	△1,200
(4) 長期前払費用	—	—	1,000	評価・換算差額等合計	—	—	△1,200
(5) 繰延税金資産	—	—	2,400				
投資その他の資産合計	—	20,000	24,900	**純資産合計**	38,300	68,300	225,100
固定資産合計	49,500	73,500	379,200				
資産合計	108,900	166,300	605,700	**負債・純資産合計**	108,900	166,300	605,700

株主資本には何がある？

　純資産は株主資本、評価・換算差額等、新株予約権の大きく3つに分類されます。

　株主資本はさらに、資本金、資本剰余金、利益剰余金、自己株式の4つに分類することができます。順番に見ていきましょう。

主な株主資本

- **資本金**
- **資本剰余金**：資本準備金とその他資本剰余金がある。
  - **資本準備金**：株主から集めたお金のうち資本金としなかった金額。株主から集めたお金は2分の1以上を資本金とすれば、残りは資本準備金としてよいことになっている

※「その他資本剰余金」は入門レベルでは気にしなくてOK

- **利益剰余金**：資本金や資本剰余金が株主から集めたお金であるのに対し、利益剰余金は、会社がこれまでに獲得してきた利益を蓄積したもの。利益準備金とその他利益剰余金に分類される
  - **利益準備金**：利益剰余金から配当を支払った場合、その一定額を配当とは別に積立てるように法律によって決められたもの
  - **その他利益剰余金**：任意積立金や繰越利益剰余金といったものがある

◆**任意積立金**：利益剰余金のなかから、将来使用するために任意で積み立てたもの。実際には、「配当平均積立金」「別途積立金」など具体的な名称にて記される

◆**繰越利益剰余金**：過去に獲得した利益で配当金にも利益準備金にも任意積立金にもしなかった残りの金額と、当期に獲得した利益（損益計算書の当期純利益にあたる）の合計

●**自己株式**：会社自体が保有する株式。少し前まで、自己株式を保有することは原則として認められていなかったが、現在は会社は自己株式を自由に持つことができるようになった。自己株式を会社が取得すればするほど、会社が発行している株式の数（発行済株式総数）が減少し、会社の価値をはかる指標である、ROE（P145参照）や1株当たり純利益（P180参照）などを上昇させることができる

PART 3 貸借対照表をマスターしよう

♪ハニー、ハニー、ヘルシー
はちみつ おいしいよ〜♪
はちみつ ベア〜♪

純資産③ 評価・換算差額等

購入時と現在の価値の差額を反映させる

見るのはココ！

■ (株)はちみつベアー　貸借対照表　　　　　　　　　　　　　　　　　(単位:千円)

	第1期	第2期	第3期		第1期	第2期	第3期
(資産の部)				**(負債の部)**			
Ⅰ 流動資産				**Ⅰ 流動負債**			
1．現金	5,000	5,000	4,000	1．支払手形	—	3,000	20,000
2．預金	49,400	46,800	32,500	2．買掛金	5,000	15,000	40,000
3．受取手形	—	5,000	30,000	3．短期借入金	—	—	20,000
4．売掛金	3,000	15,000	80,000	4．未払金	—	—	500
5．有価証券	—	10,000	5,000	5．未払費用	—	—	500
6．商品	2,000	10,000	70,000	6．未払法人税等	5,600	20,000	45,600
7．短期貸付金	—	1,000	1,000	7．預り金	—	—	500
8．前払金	—	—	500	8．前受金	—	—	500
9．前払費用	—	—	500	9．賞与引当金	—	—	10,000
10．繰延税金資産	—	—	4,000	流動負債合計	10,600	38,000	137,600
11．貸倒引当金	—	—	△1,000	**Ⅱ 固定負債**			
流動資産合計	59,400	92,800	226,500	1．長期借入金	60,000	60,000	140,000
				2．社債	—	—	100,000
Ⅱ 固定資産				3．退職給付引当金	—	—	3,000
1．有形固定資産				固定負債合計	60,000	60,000	243,000
(1)土地	20,000	20,000	220,000	**負債合計**	70,600	98,000	380,600
(2)建物	29,000	28,000	118,000	**(純資産の部)**			
(3)機械装置	—	—	5,000	**Ⅰ 株主資本**			
(4)車両	—	2,500	4,000	1．資本金	30,000	30,000	110,000
(5)工具器具備品	—	2,500	4,500	2．資本剰余金			
有形固定資産合計	49,000	53,000	351,500	(1)資本準備金	—	—	20,000
2．無形固定資産				3．利益剰余金			
(1)ソフトウェア	—	—	1,300	(1)利益準備金	—	—	100
(2)電話加入権	500	500	500	(2)その他利益剰余金			
(3)特許権	—	—	1,000	①繰越利益剰余金	8,300	38,300	97,200
無形固定資産合計	500	500	2,800	利益剰余金合計	8,300	38,300	97,300
3．投資その他の資産				4．自己株式	—	—	△1,000
(1)投資有価証券	—	—	7,500	**株主資本合計**	38,300	68,300	226,300
(2)関係会社株式	—	10,000	10,000	**Ⅱ 評価・換算差額等**			
(3)長期貸付金	—	—	4,000	1．その他有価証券評価差額金	—	—	△1,200
(4)長期前払費用	—	—	1,000	評価・換算差額等合計	—	—	△1,200
(5)繰延税金資産	—	—	2,400	**純資産合計**	38,300	68,300	225,100
投資その他の資産合計	—	20,000	24,900				
固定資産合計	49,500	73,500	379,200				
資産合計	108,900	166,300	605,700	**負債・純資産合計**	108,900	166,300	605,700

126

保有する株式が値下がりした！

㈱はちみつベアーが700万円で取得し保有している、取引先の㈱ねずみ食器の株式は、現在は株価が下落し、500万円になっています。今㈱ねずみ食器の株を売れば、200万円の損失になります。

そこで、投資有価証券に含まれている㈱ねずみ食器の株式の金額を700万円から500万円に修正します。同時に、仮に㈱ねずみ食器の株式を売って200万円の損失が生じれば、その分利益が減って支払う税金も少なくなるので、200万円×税率40％＝80万円を**繰延税金資産**に計上します（税率は40％としています）。そして、200万円と80万円の差額の120万円だけ、純資産の部の**評価・換算差額等**の**その他有価証券評価差額金**をマイナスします。購入時より株価が上がった場合は、その他有価証券評価差額金はプラスとなります。

といっても、まだ売ったわけではないので実際には利益や損失は出ていませんから、損益計算書には反映されません。

ただし購入時よりも大幅に下落した場合は、純資産の部の評価・換算差額等ではなく損益計算書で損失として計上されます。

このように、現在の価値で資産の金額を評価する会計を、**時価会計**といいます。

主な評価・換算差額等

- **その他有価証券評価差額金**：保有する株式の現在の価格と購入時の価格との差額（税効果会計適用後）
- **土地再評価差額金**：保有する土地の現在の価格と購入時の価格との差額（税効果会計適用後）

純資産④　新株予約権

新しい基準によって「負債の部」から「純資産の部」へ

決められた値段で株式を受け取る権利

　㈱はちみつベアーの純資産は一通り見ましたが、純資産のなかの**新株予約権**について簡単に説明しておきましょう。

　株価は会社の売上や景気などによって、変動します。しかし、新株予約権があれば、あらかじめ決められた値段でその会社の株式を買うことができます。そして、その値段より株価が上昇したところで新株予約権を行使して受け取った株を売れば、利益を得ることができるのです。

　その代表的なものが、役員や従業員に渡す**ストックオプション**です。がんばって働いて業績が上がれば、お給料だけでなく、会社の株価も上がって2度おいしい、というわけで、福利厚生の1つとして取り入れている企業もあります。

> 貸借対照表はわかったかな？次はいよいよ経営分析だよ！

株主資本等変動計算書で何がわかる？

　ここで株主資本等変動計算書について簡単に説明しましょう。株主資本等変動計算書は貸借対照表の純資産の部の1年間の変動をあらわすことは、P38でも説明しましたね。

　㈱はちみつベアーの第3期の株主資本等変動計算書を見てみましょう。一番上の「前期末残高」と一番下の「当期末残高」は、貸借対照表の「純資産の部」におけるそれぞれの科目の前期末および当期末の残高と一致します。

　そして、次のようなことを読み取ることができます。

①新株の発行により資本金8,000万円増加
②新株の発行により資本準備金2,000万円増加
③繰越利益剰余金のなかからアライさんたち株主への配当の支払いに100万円使用
④配当の支払いに伴う利益準備金の積立に10万円使用
⑤自己株式を100万円分取得

■ **(株)はちみつベアー　第3期　株主資本等変動計算書** (単位:千円)

	株主資本							評価・換算差額等	純資産合計
	資本金	資本剰余金	利益剰余金			自己株式	株主資本合計	その他有価証券評価差額金	
		資本準備金	利益準備金	その他利益剰余金 繰越利益剰余金	利益剰余金合計				
前期末残高	30,000			38,300	38,300		68,300		68,300
当期変動額	❶	❷							
新株の発行	80,000	20,000	❹		❸		100,000		100,000
剰余金の配当			100	△1,100	△1,000	❺	△1,000		△1,000
自己株式の取得						△1,000	△1,000		△1,000
当期純利益				60,000	60,000		60,000		60,000
株主資本以外の項目の当期変動額								△1,200	△1,200
当期変動額合計	80,000	20,000	100	58,900	59,000	△1,000	158,000	△1,200	156,800
当期末残高	110,000	20,000	100	97,200	97,300	△1,000	226,300	△1,200	225,100

連結損益計算書・連結貸借対照表はここが違う！

決算書には個別決算書と連結決算書があるということは、P46でお話ししましたね。連結損益計算書や連結貸借対照表には、個別の損益計算書や貸借対照表にはない科目がいくつか使われています。代表的なものを紹介しましょう。

■ 連結損益計算書　　　　　　　　　　　（単位：千円）

Ⅰ 売上高	1,100,000
Ⅱ 売上原価	750,000
売上総利益	350,000
Ⅲ 販売費及び一般管理費	220,000
営業利益	130,000
Ⅳ 営業外収益	
受取利息及び配当金	6,000
持分法による投資利益	20,000
その他	4,000
営業外収益合計	30,000
Ⅴ 営業外費用	
支払利息	10,000
営業外費用合計	10,000
経常利益	150,000
Ⅵ 特別利益	2,000
Ⅶ 特別損失	2,000
税金等調整前当期純利益	150,000
法人税・住民税及び事業税	70,000
法人税等調整額	10,000
少数株主利益	30,000
当期純利益	60,000

●**持分法による投資利益**（もちぶんぽう）
ある会社の株式を原則として20％以上50％以下の割合で保有している場合、「持分法」という方法を使って、その会社が獲得した利益のうち株式保有割合に応じた額を利益として計上する（損失の場合は営業外費用に「持分法による投資損失」として計上）。

●**少数株主利益**
子会社が獲得した利益のうち、親会社以外の株主に帰属する分は、親会社のものではないため、これを差し引いて当期純利益を計算する。

■ 連結貸借対照表

(単位:千円)

(資産の部)		(負債の部)	
Ⅰ 流動資産		Ⅰ 流動負債	
1．現金及び預金	100,000	1．支払手形及び買掛金	150,000
2．受取手形及び売掛金	120,000	2．短期借入金	100,000
3．その他	80,000	3．その他	50,000
流動資産合計	300,000	流動負債合計	300,000
Ⅱ 固定資産		Ⅱ 固定負債	
1．有形固定資産		1．長期借入金	200,000
(1)土地	200,000	2．その他	100,000
(2)建物	100,000	固定負債合計	300,000
(3)その他	100,000	**負債合計**	**600,000**
有形固定資産合計	400,000		
2．無形固定資産		(純資産の部)	
(1)のれん	80,000	Ⅰ 株主資本	
(2)その他	20,000	1．資本金	200,000
無形固定資産合計	100,000	2．資本剰余金	100,000
3．投資その他の資産		3．利益剰余金	100,000
(1)投資有価証券	200,000	4．自己株式	△10,000
(2)その他	100,000	株主資本合計	390,000
投資その他の資産合計	300,000		
固定資産合計	800,000	Ⅱ 評価・換算差額等	
		1．その他有価証券評価差額金	△10,000
		2．為替換算調整勘定	20,000
		評価・換算差額等合計	10,000
		Ⅲ 少数株主持分	100,000
		純資産合計	500,000
資産合計	**1,100,000**	**負債・純資産合計**	**1,100,000**

● **のれん**
個別の貸借対照表にも出てくるが、連結貸借対照表で頻繁に登場する。子会社等を取得したときに要した金額（A）と、その子会社等の純資産の額（B）との差額をあらわす。（A）が（B）より大きい場合は無形固定資産に、（B）が（A）より大きい場合は固定負債に計上される。

● **少数株主持分**（しょうすうかぶぬしもちぶん）
子会社に、親会社以外の株主がいる場合、子会社の純資産のうち親会社以外の株主（＝少数株主）に帰属する持分を分けておく必要があり、これを少数株主持分という科目であらわす。

● **為替換算調整勘定**（かわせかんざんちょうせいかんじょう）
海外に子会社等がある場合、その子会社等の決算書は外貨で表示されているので、それを円に換算する。そのとき、資産・負債の換算方法と純資産の換算方法は異なっているため、これにより生じる差額。

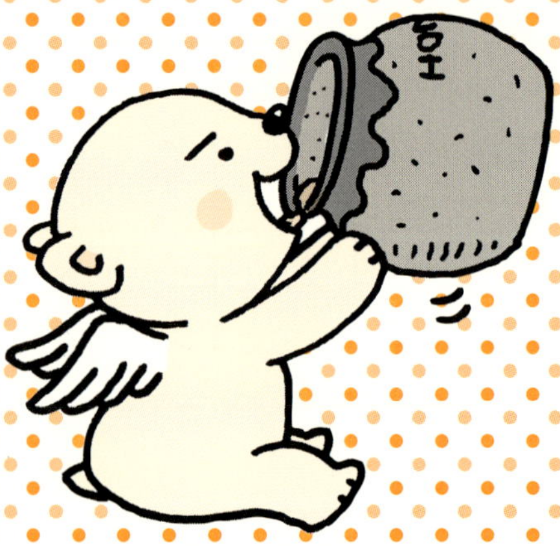

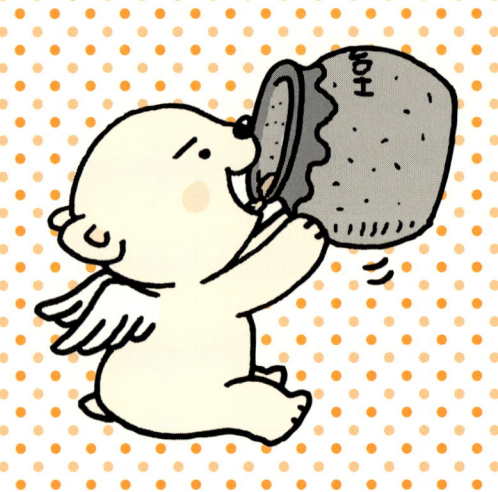

PART 4
経営分析をしてみよう

貸借対照表と損益計算書は、
しっかり理解できましたか？
でも、決算書は使いこなしてこそ
本当の力を発揮します。
ここでは、貸借対照表と損益計算書を使った
経営分析の方法を見ていきましょう。

はぁ、ヤレヤレ、
なんとか
今月のノルマ
達成できそうだ…
蜂蜜ナポレオン
あ！この
でかい
ビル
(株)蜂蜜
ナポレオン
かあ…
やっぱり 業界
ナンバーワンは
違うなぁ
♪ハニ〜
ハニ〜
ナポレオン
ハニー
ナポレオン
ハニー
♪ナポレオン〜
売上だって
ウチの10倍
以上だし
あのとき
受かっていればなぁ…
最終まで
いったのに
ダメ
だったか…
就活中
ナポレオン
不採用
本命
だったのに…
会社のよさは
規模では
はかれません！
わ！
びっくりした！
大切なのは
収益性と安全性！
もうかっていること、
つぶれないこと が
大事なんです
(株)蜂蜜ナポレオン
の売上は
ウチの10倍で
もうかってるし、
こんなにでっかい
会社がつぶれる
ハズないよ
やっぱりね
何にもわかっちゃ
いませんね

会社の規模が違うんだから売上が違うのは当たり前!
キッ
今は大企業だってどうなるかわからない時代ですよ
リストラ
大会社
買収
倒産
じゃあもうかっているかつぶれないかはどうしたらわかるの?
決算書の数字をそれぞれの指標を示す式にあてはめていけばいいんです
経常利益
売上高
×100=売上
経常利益
=営業利益+営
売上高
固定資産
決算書
これを経営分析というんですよ
経営分析?
そう。経営分析を行うことでもうかっているか、つぶれないかだけでなく、会社の強みと弱みや今後の対策まで立てることができるんですよ
じゃあ経営分析すればウチももっともうかるようになって給料も上がるのかな
正しい分析をしてそれが実行できればね!
さっそく経営分析の方法を見ていきましょう!
ホク
ホク

決算書は比べて使う
過去の決算書や同業他社の決算書を比べてみよう

🏺 決算書は、比べてみなければわからない

　損益計算書も貸借対照表も、たった1つのものをじっと見ているだけでは、あまり意味がありません。複数の決算書を比較することが大切なのです。「1つの決算書だけでも大変なのに、さらにいろいろな決算書を読まなくてはならないの？」と思った人もいるかもしれませんね。でも、大丈夫。大きな区分を比べていけばよいだけですから、それほど難しくはありません。

　決算書は、大きく2つの方法で比較することができます。

①過去の決算書と比べる

　同じ会社の過去の決算書を比べます。損益計算書の5つの利益、売上原価や販売費及び一般管理費、純資産、預金、棚卸資産、借入金など、数字の推移を比べることで、その会社の収益性や安全性、成長性がわかります。㈱はちみつベアーの決算書も、3期分が並べて表示されていましたね。

②他社の決算書と比べる

　同業他社の決算書と比べます。決算書は業種によって大きく異

なりますから、まったく違う業界の決算書と比べても、あまり意味がありません。はちみつの販売を行っている㈱はちみつベアーと、車の製造販売を行っている㈱シロクマ自動車は比較対象にはなりません。

同じようにはちみつの販売を行っている㈱蜂蜜ナポレオンと比較してみるとよいでしょう。

決算書でわかるのは、収益性と安全性

決算書はいろいろなことを私たちに教えてくれますが、なかでも次の2つは大切です。

【収益性】会社がどれだけもうかっているか
　　　　　→**損益計算書からわかる！**
【安全性】会社が将来も存続することができるか
　　　　　→**貸借対照表からわかる！**

決算書を並べて眺めるだけでも、ある程度のことはわかりますが、ある計算式に決算書の数字を当てはめることで、より深い経営分析を行うことができます。

次からは、経営分析で用いられる代表的な指標を紹介していきましょう。

> 経営分析で会社の姿がさらによくわかるよ

収益性① ROA

調達した資金を使って
どれだけの経常利益を得た？

使うのはココ！

■ （株）はちみつベアー　損益計算書　（単位：千円）

	第1期	第2期	第3期
Ⅰ売上高	100,000	400,000	1,000,000
Ⅱ売上原価			
期首商品棚卸高	—	2,000	10,000
当期商品仕入高	70,000	268,000	760,000
期末商品棚卸高	2,000	10,000	70,000
売上原価合計	68,000	260,000	700,000
売上総利益	32,000	140,000	300,000
Ⅲ販売費及び一般管理費			
給与	10,000	45,000	93,000
賞与		4,000	10,500
法定福利費	1,000	5,000	10,200
家賃	1,000	10,000	20,000
広告宣伝費	1,000	8,000	15,000
交際費	1,000	5,000	10,000
水道光熱費	500	1,000	3,000
旅費交通費	500	2,000	5,000
保険料	500	2,000	3,000
減価償却費	1,000	2,000	6,200
消耗品費	1,000	2,000	6,000
貸倒引当金繰入額	—	—	1,000
賞与引当金繰入額	—	—	10,000
退職給付引当金繰入額	—	—	3,000
雑費	500	2,500	5,000
販売費及び一般管理費合計	18,000	88,500	200,900
営業利益	14,000	51,500	99,100
Ⅳ営業外収益			
受取利息	10	100	200
受取配当金	—	100	200
有価証券売却益	—	—	15,000
為替差益	—	300	500
営業外収益合計	10	500	15,900
Ⅴ営業外費用			
支払利息	90	2,000	5,000
為替差損	20	—	—
営業外費用合計	110	2,000	5,000
経常利益	13,900	50,000	110,000
Ⅵ特別利益			
投資有価証券売却益			500
特別利益合計			500
Ⅶ特別損失			
固定資産除却損	—	—	500
損害賠償損失	—	—	10,000
特別損失合計			10,500
税引前当期純利益	13,900	50,000	100,000
法人税・住民税及び事業税	5,600	20,000	45,600
法人税等調整額			5,000
当期純利益	8,300	30,000	60,000

■ （株）はちみつベアー　貸借対照表　（単位：千円）

	第1期	第2期	第3期
（負債の部）			
Ⅰ流動負債			
1．支払手形	—	3,000	20,000
2．買掛金	5,000	15,000	40,000
3．短期借入金	—	—	20,000
4．未払金	—	—	500
5．未払費用	—	—	500
6．未払法人税等	5,600	20,000	45,600
7．預り金	—	—	500
8．前受金	—	—	500
9．賞与引当金	—	—	10,000
流動負債合計	10,600	38,000	137,600
Ⅱ固定負債			
1．長期借入金	60,000	60,000	140,000
2．社債	—	—	100,000
3．退職給付引当金	—	—	3,000
固定負債合計	60,000	60,000	243,000
負債合計	70,600	98,000	380,600
（純資産の部）			
Ⅰ株主資本			
1．資本金	30,000	30,000	110,000
2．資本剰余金			
（1）資本準備金	—	—	20,000
3．利益剰余金			
（1）利益準備金	—	—	100
（2）その他利益剰余金			
①繰越利益剰余金	8,300	38,300	97,200
利益剰余金合計	8,300	38,300	97,300
4．自己株式	—	—	△1,000
株主資本合計	38,300	68,300	226,300
Ⅱ評価・換算差額等			
1．その他有価証券評価差額金	—	—	△1,200
評価・換算差額等合計	—	—	△1,200
純資産合計	38,300	68,300	225,100
負債・純資産合計	108,900	166,300	605,700

経営効率は、利益だけでははかれない

㈱はちみつベアーのライバルに、㈱蜂蜜ナポレオンがあります。㈱蜂蜜ナポレオンは、はちみつだけでなく、ハーブやダイエット食品、最近では化粧品まで、幅広い商品を扱う業界ナンバーワンのトップ企業です。

ここでちょっと、2社の決算書を見てみましょう。

■ ㈱はちみつベアーと㈱蜂蜜ナポレオン 損益計算書の比較 (単位:千円)

	㈱はちみつベアー	㈱蜂蜜ナポレオン
売上高	1,000,000	16,000,000
売上総利益	300,000	4,160,000
営業利益	99,100	1,187,000
経常利益	110,000	987,000
税引前当期純利益	100,000	970,000
当期純利益	60,000	580,000

■ ㈱はちみつベアーと㈱蜂蜜ナポレオン 貸借対照表の比較 (単位:千円)

	㈱はちみつベアー	㈱蜂蜜ナポレオン
(資産の部)		
流動資産	226,500	2,792,000
固定資産	379,200	5,058,000
資産合計	**605,700**	**7,850,000**
(負債の部)		
流動負債	137,600	2,601,000
固定負債	243,000	3,662,000
負債合計	380,600	6,263,000
(純資産の部)		
株主資本	226,300	1,597,000
評価・換算差額等	△1,200	△10,000
純資産合計	225,100	1,587,000
負債・純資産合計	**605,700**	**7,850,000**

PART4 経営分析をしてみよう

売上高、売上総利益、経常利益、当期純利益、資産、純資産、どれをとっても㈱はちみつベアーは㈱蜂蜜ナポレオンに遠く及びません。やはり、業界ナンバーワンにはかなわないのでしょうか？

　しかし、単に数字を並べただけでは、会社の実力ははかれません。みなさんはまったく同じ書類をつくるのに1時間かかる人と10分しかかからない人、どちらが効率がよいと思いますか？

　どちらを部下にしたいですか？

　当然、10分しかかからない人ですよね。この考えは、企業の経営効率にも通じます。同じ利益でしたら、元手は少ないほうがよいに決まっています。100万円の利益を生み出すのに5,000万円かかるより、1,000万円しかかからない会社のほうが、効率がよいのです。

ROAで経営効率がわかる

会社の経営効率は、利益を元手で割ればわかります。なかでも代表的な指標にROA（rate of Return On Asset）＝**総資本経常利益率**があります。

利益には５つある、ということはPART２で説明したとおりですが、ROAでは経常利益を使います。経常利益とは、会社が通常の活動で得たもうけでしたね。

元手には純資産を使う場合と、**総資本**を使う場合があります。総資本とは、純資産＋負債のことです。また、経営分析では資産を**総資産**と呼んだりします。

純資産＋負債＝総資産ですから、総資産と総資本は同額なのですが、経営分析では基本的に総資本という言葉を使います。

ROAでは、元手は総資本を用います。求め方は次の通りです。

$$\frac{経常利益}{総資本} \times 100 = ROA（総資本経常利益率）$$

さっそく㈱はちみつベアーと㈱蜂蜜ナポレオンのＲＯＡを出してみましょう。

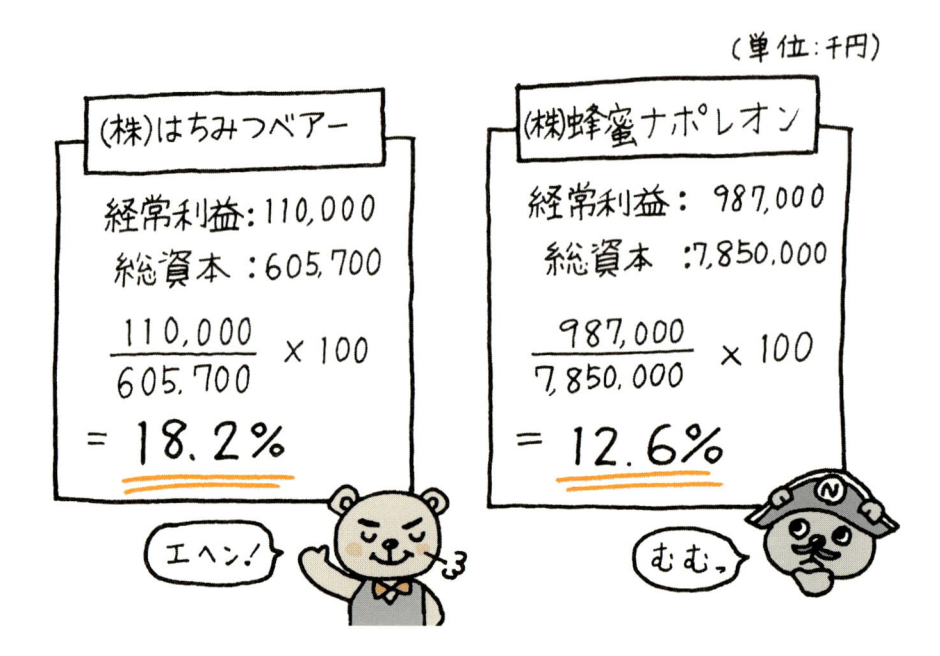

(単位:千円)

㈱はちみつベアー
経常利益：110,000
総資本：605,700

$$\frac{110,000}{605,700} \times 100 = 18.2\%$$

エヘン！

㈱蜂蜜ナポレオン
経常利益：987,000
総資本：7,850,000

$$\frac{987,000}{7,850,000} \times 100 = 12.6\%$$

むむっ

㈱はちみつベアーのＲＯＡは18.2％、㈱蜂蜜ナポレオンは12.6％でした。**ＲＯＡは高いほうがよい**のですから、㈱はちみつベアーのほうが㈱蜂蜜ナポレオンよりも効率的な経営を行っている、ということになります。

「㈱蜂蜜ナポレオンに勝った！」と、クマ社長は大喜びです。しかし、これで終わりでは、経営者は務まりません。

実はＲＯＡは、上昇傾向にあるか、下降傾向にあるかが非常に大切なのです。

さっそくクマ社長は、ＲＯＡが順調に伸びているかどうか、過去の決算書から調べてみることにしました。

(単位:千円)

第1期
経常利益:13,900
総資本:108,900

$$\frac{13,900}{108,900} \times 100$$

=12.8%

第2期
経常利益:50,000
総資本:166,300

$$\frac{50,000}{166,300} \times 100$$

=30.1%

第3期
経常利益:110,000
総資本:605,700

$$\frac{110,000}{605,700} \times 100$$

=18.2%

　第3期のROAは、第2期と比べるとかなり低下していますね。

　こうなったら、クマ社長も浮かれてばかりはいられません。もしもこのままROAが下がり続けたら、株主は㈱はちみつベアーの収益力が低下したと見て株を手放すかもしれませんし、銀行だってお金を貸してくれなくなったり、金利を引き上げられるかもしれません。

　さっそく、クマ社長はどうすればROAを上昇させることができるのか考えました。

　ROAを上昇させる方法は、次の式に分解すると見つかります。

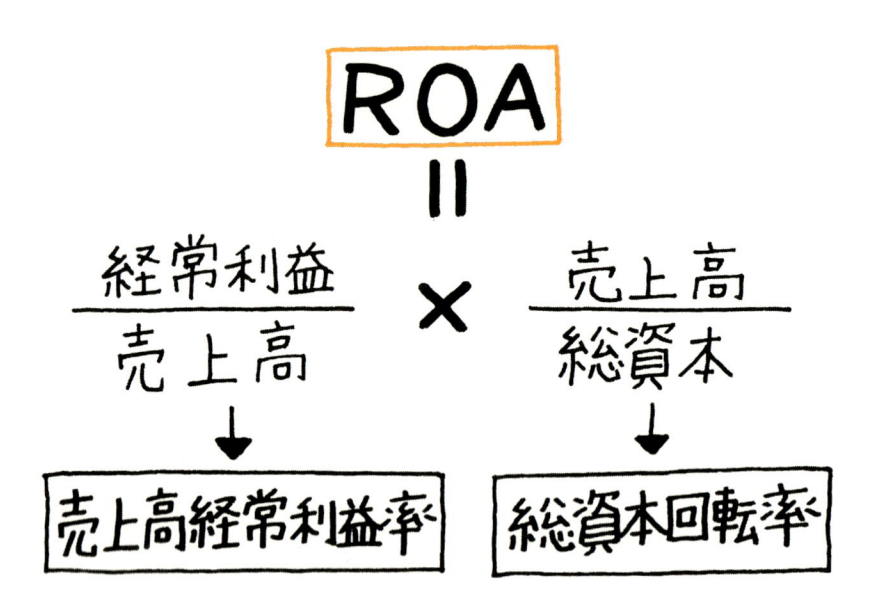

$$\boxed{\text{ROA}} = \frac{経常利益}{売上高} \times \frac{売上高}{総資本}$$

$\frac{経常利益}{売上高} \rightarrow$ **売上高経常利益率**

$\frac{売上高}{総資本} \rightarrow$ **総資本回転率**

　ちょっと混乱してしまいましたか？　でも、よく見てください。左の分母と右の分子に売上高を掛けただけなのです。分母と分子に同じ数を掛けても答え（ここでいうROA）は変わらない、ということは、算数で習いましたよね。

　ではどうしてわざわざ売上高を分子と分母に掛ける必要があるのかというと、これが新しい指標となるからです。

　経常利益を売上高で割ったものを**売上高経常利益率**、売上高を総資本で割ったものを**総資本回転率**といいます。ROAは売上高経常利益率と総資本回転率を掛けたものに等しいのですから、どちらかが上昇すればROAも上昇する、というわけです。

　売上高経常利益率はP148で、総資本回転率についてはP154で説明していきましょう。

PART 4 経営分析をしてみよう

収益性② ROE

株主が出資した資本でどれだけの当期純利益を得た？

使うのはココ！

■ （株）はちみつベアー　損益計算書　(単位:千円)

	第1期	第2期	第3期
I 売上高	100,000	400,000	1,000,000
II 売上原価			
期首商品棚卸高	—	2,000	10,000
当期商品仕入高	70,000	268,000	760,000
期末商品棚卸高	2,000	10,000	70,000
売上原価合計	68,000	260,000	700,000
売上総利益	32,000	140,000	300,000
III 販売費及び一般管理費			
給与	10,000	45,000	93,000
賞与	—	4,000	10,500
法定福利費	1,000	5,000	10,200
家賃	1,000	10,000	20,000
広告宣伝費	1,000	8,000	15,000
交際費	1,000	5,000	10,000
水道光熱費	500	1,000	3,000
旅費交通費	500	2,000	5,000
保険料	500	2,000	3,000
減価償却費	1,000	2,000	6,200
消耗品費	1,000	2,000	6,000
貸倒引当金繰入額	—	—	1,000
賞与引当金繰入額	—	—	10,000
退職給付引当金繰入額	—	—	3,000
雑費	500	2,500	5,000
販売費及び一般管理費合計	18,000	88,500	200,900
営業利益	14,000	51,500	99,100
IV 営業外収益			
受取利息	10	100	200
受取配当金	—	100	200
有価証券売却益	—	—	15,000
為替差益	—	300	500
営業外収益合計	10	500	15,900
V 営業外費用			
支払利息	90	2,000	5,000
為替差損	20	—	—
営業外費用合計	110	2,000	5,000
経常利益	13,900	50,000	110,000
VI 特別利益			
投資有価証券売却益	—	—	500
特別利益合計	—	—	500
VII 特別損失			
固定資産除却損	—	—	500
損害賠償損失	—	—	10,000
特別損失合計	—	—	10,500
税引前当期純利益	13,900	50,000	100,000
法人税・住民税及び事業税	5,600	20,000	45,600
法人税等調整額	—	—	△5,600
当期純利益	8,300	30,000	60,000

■ （株）はちみつベアー　貸借対照表　(単位:千円)

	第1期	第2期	第3期
（負債の部）			
I 流動負債			
1．支払手形	—	3,000	20,000
2．買掛金	5,000	15,000	40,000
3．短期借入金	—	—	20,000
4．未払金	—	—	500
5．未払費用	—	—	500
6．未払法人税等	5,600	20,000	45,600
7．預り金	—	—	500
8．前受金	—	—	500
9．賞与引当金	—	—	10,000
流動負債合計	10,600	38,000	137,600
II 固定負債			
1．長期借入金	60,000	60,000	140,000
2．社債	—	—	100,000
3．退職給付引当金	—	—	3,000
固定負債合計	60,000	60,000	243,000
負債合計	70,600	98,000	380,600
（純資産の部）			
I 株主資本			
1．資本金	30,000	30,000	110,000
2．資本剰余金			
（1）資本準備金	—	—	20,000
3．利益剰余金			
（1）利益準備金	—	—	100
（2）その他利益剰余金			
①繰越利益剰余金	8,300	38,300	97,200
利益剰余金合計	8,300	38,300	97,300
4．自己株式	—	—	△1,000
株主資本合計	38,300	68,300	226,300
II 評価・換算差額等			
1．その他有価証券評価差額金	—	—	△1,200
評価・換算差額等合計	—	—	△1,200
純資産合計	38,300	68,300	225,100
負債・純資産合計	108,900	166,300	605,700

自己資本からどれだけの当期純利益を上げている？

　ROA（総資本経常利益率）によって経営効率がわかる、ということは説明しましたが、もう1つ、経営効率を見るための指標を紹介しましょう。

　今度は、5つの利益のなかの当期純利益を、元手のうちでも純資産から新株予約権と少数株主持分を差し引いた**自己資本**を使って、どれだけの当期純利益を得ることができたのかを見ます。これを、**自己資本当期純利益率（ROE：rate of Return on Equity）**、もしくは**自己資本利益率**といいます。ちなみに、ROEは「ロイ」「アールオーイー」などと呼ばれます。計算式は、次の通りです。

$$\frac{当期純利益}{自己資本} \times 100 = ROE（自己資本当期純利益率）$$

　「わざわざROEなんて使わなくても、ROAがあるんだからそれでいいのでは？」と思われるかもしれません。
　たしかに、ROAを見たほうが会社の総合的な力はわかります。ただ、会社にお金を提供している株主にとって、自分たちが出し

たお金からどれくらいの利益が出ているのかがわかるＲＯＥは、非常に重要な指標なのです。

㈱はちみつベアーと㈱ナポレオン蜂蜜のＲＯＥを出してみましょう。なお、㈱はちみつベアー、㈱蜂蜜ナポレオンとも、新株予約権や少数株主持分はありません。したがって、「自己資本＝純資産」となりますから、ＲＯＥの計算上、分母は純資産を使っています。

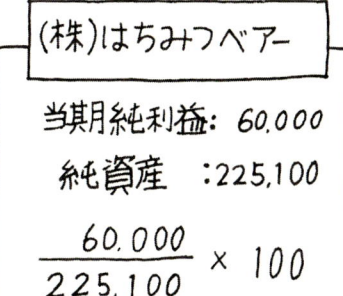

（単位：千円）

㈱はちみつベアー

当期純利益：60,000
純資産　　：225,100

$$\frac{60,000}{225,100} \times 100 = 26.7\%$$

㈱蜂蜜ナポレオン

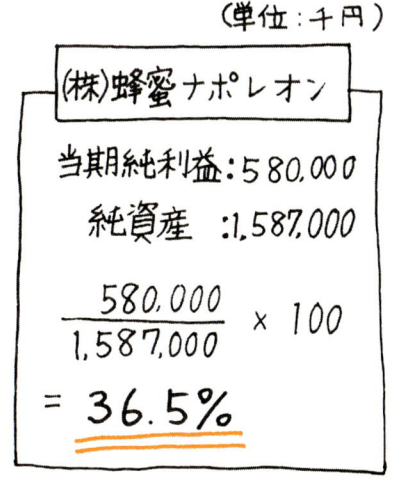

当期純利益：580,000
純資産　　：1,587,000

$$\frac{580,000}{1,587,000} \times 100 = 36.5\%$$

あれ？

エヘン！

　ＲＯＡとは逆に、今度は㈱蜂蜜ナポレオンのほうが㈱はみつベアーよりも収益性に優れている、という結果になりました。このように、ＲＯＥは他社と比較したり、過去の数字と比べたりして分析します。

収益性③ 売上高経常利益率

売上に対して、一体いくらの利益が上がっている?

■ (株)はちみつベアー　損益計算書　(単位:千円)

	第1期	第2期	第3期
Ⅰ 売上高	100,000	400,000	1,000,000
Ⅱ 売上原価			
期首商品棚卸高	—	2,000	10,000
当期商品仕入高	70,000	268,000	760,000
期末商品棚卸高	2,000	10,000	70,000
売上原価合計	68,000	260,000	700,000
売上総利益	32,000	140,000	300,000
Ⅲ 販売費及び一般管理費			
給与	10,000	45,000	93,000
賞与	—	4,000	10,500
法定福利費	1,000	5,000	10,200
家賃	1,000	10,000	20,000
広告宣伝費	1,000	8,000	15,000
交際費	1,000	5,000	10,000
水道光熱費	500	1,000	3,000
旅費交通費	500	2,000	5,000
保険料	500	2,000	3,000
減価償却費	1,000	2,000	6,200
消耗品費	1,000	2,000	6,000
貸倒引当金繰入額	—	—	1,000
賞与引当金繰入額	—	—	10,000
退職給付引当金繰入額	—	—	3,000
雑費	500	2,500	5,000
販売費及び一般管理費合計	18,000	88,500	200,900
営業利益	14,000	51,500	99,100
Ⅳ 営業外収益			
受取利息	10	100	200
受取配当金	—	100	200
有価証券売却益	—	—	15,000
為替差益	—	300	500
営業外収益合計	10	500	15,900
Ⅴ 営業外費用			
支払利息	90	2,000	5,000
為替差損	20	—	—
営業外費用合計	110	2,000	5,000
経常利益	13,900	50,000	110,000
Ⅵ 特別利益			
投資有価証券売却益	—	—	500
特別利益合計	—	—	500
Ⅶ 特別損失			
固定資産除却損	—	—	500
損害賠償損失	—	—	10,000
特別損失合計	—	—	10,500
税引前当期純利益	13,900	50,000	100,000
法人税・住民税及び事業税	5,600	20,000	45,600
法人税等調整額	—	—	5,600
当期純利益	8,300	30,000	60,000

使うのはココ! (売上高)

使うのはココ! (経常利益)

売上があっても、利益が出なければ意味がない！

P144で、売上高経常利益率はROAを構成する指標の1つである、ということはお話ししましたね。まずは売上高経常利益率から何がわかるのか、ということから説明していきましょう。

売上高経常利益率は、**売上高のうち、経常利益がどのくらいの割合かをあらわす**ものです。もしかしたら、「売上高と経常利益ってどう違うんだっけ？」と思った人もいるかもしれませんので、復習してみましょう。

損益計算書を構成する3つの要素、収益・費用・利益は覚えてますか？　収益－費用＝利益でしたね。

売上高は収益、経常利益は利益です。いくら売上が高くても、費用を引いたときに利益が出なければ、会社はもうかりません。売上に対する利益の割合を知ることが、重要なのです。そしてそれを示す指標の1つが、売上高経常利益率であり、次のように求めることができます。

$$\frac{経常利益}{売上高} \times 100 = 売上高経常利益率$$

売上高経常利益率はどれくらいあればよい？

売上高経常利益率が出ても、この数字がよいのか悪いのか、判断できなければ意味がありませんね。

売上高経常利益率は**高ければ高いほどよい**のですが、業界によって大きく変わります。比較する場合は、同業他社と行いましょう。業界平均を上回っていれば、ひとまず安心です。

また、過去3～5期分の数値を比べてみることも大切です。ここでは、㈱はちみつベアーの過去3期分の推移を見てみましょう。

経常利益と売上高は、どちらも損益計算書に載っています。

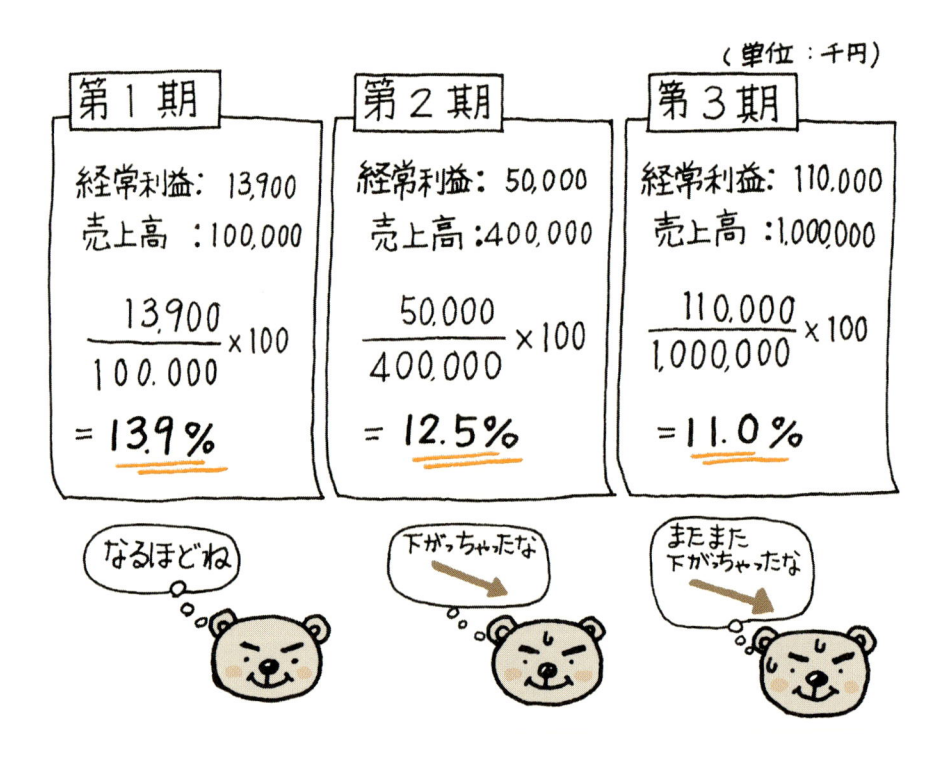

（単位：千円）

第1期
経常利益：13,900
売上高：100,000

$$\frac{13,900}{100,000} \times 100 = 13.9\%$$

なるほどね

第2期
経常利益：50,000
売上高：400,000

$$\frac{50,000}{400,000} \times 100 = 12.5\%$$

下がっちゃったな

第3期
経常利益：110,000
売上高：1,000,000

$$\frac{110,000}{1,000,000} \times 100 = 11.0\%$$

またまた下がっちゃったな

売上高経常利益率を上昇させるには？

さて、分析の結果、年を追うごとに売上高経常利益率が下がっていたことがわかりました。

クマ社長はもう少し売上高経常利益率を上昇させたいなあ、と思いました。一体どうすれば、売上高経常利益率を上昇させることができるのでしょうか。

売上高経常利益率は、経常利益を売上高で割るのですから、経常利益が増えるか、売上高が減れば上昇します。といっても、売上高を減らして経常利益を保つ、というのは無理な話ですから、経常利益を増やすことを考えましょう。

経常利益を増やす方法を知るために、経常利益のしくみを復習しておきましょう。

経常利益 ＝ 営業利益 ＋ 営業外収益 － 営業外費用
（売上高 － 売上原価 － 販売費及び一般管理費）

この式から、経常利益を増やすためには、次の4つの方法が考えられます。

①売上原価を減らす

　仕入の金額を下げます。たとえば、今まで1,000円で仕入れていたはちみつを、980円で仕入れるようにすれば、売上原価が減らせます。

②販売費及び一般管理費を減らす

　無駄な経費を減らすことが大切です。たとえば、無駄な接待をなくせば交際費は減ります。また、これまでタクシーに乗っていたところを電車やバスにし、出張先のホテルのランクを少し下げれば、旅費交通費も減るでしょう。いざとなったら社員のお給料を減らす、という手もありますが、社員のモチベーションに関わるので、クマ社長としてはそれは避けたいところです。

③営業外費用を減らす

　営業外費用のなかでとくに重要なのが、支払利息です。㈱はちみつベアーでは銀行に1年間で500万円の利息を支払っています。早めに借入金を返済して余分な利息を払わないようにできれば、営業外費用を減らすことができます。

④営業外収益を増やす

　株の配当や売却益、受取利息などによって営業外収益を増やす、というのも1つです。いわゆる「財テク」ですね。ただし、失敗したときのダメージも大きいのであまりおススメはできません。

売上高営業利益率も大切！

ちなみに、利益には経常利益のほかにも、売上総利益、営業利益、税引前当期純利益、当期純利益があり、それぞれに対して売上高に対する利益率を計算することができます。

売上高経常利益率のほかでは、売上高に対する営業利益の割合をみるための**売上高営業利益率**が経営分析によく用いられます。売上高営業利益率は、次のように求めることができます。

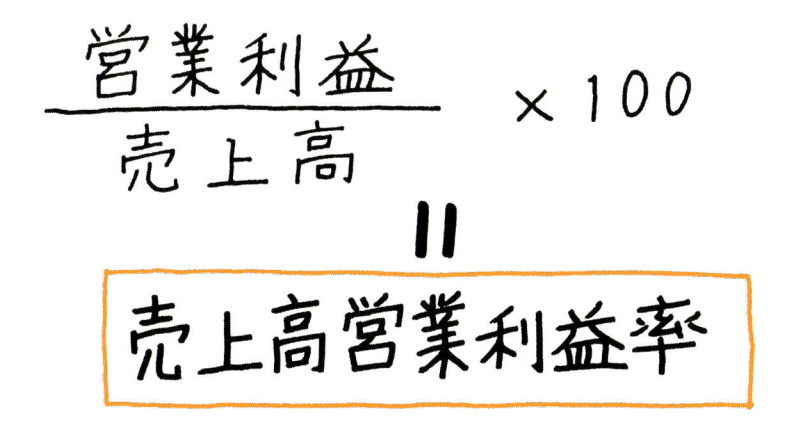

$$\frac{営業利益}{売上高} \times 100 = 売上高営業利益率$$

営業利益には、営業外費用と営業外収益は考慮されていません。本業による利益率を見る、という意味では、売上高経常利益率以上に大切な指標なのです。

収益性④ 総資本回転率

資産は有効に使うことができただろうか？

使うのはココ！

■（株）はちみつベアー　損益計算書　(単位：千円)

	第1期	第2期	第3期
I 売上高	100,000	400,000	1,000,000
II 売上原価			
期首商品棚卸高	—	2,000	10,000
当期商品仕入高	70,000	268,000	760,000
期末商品棚卸高	2,000	10,000	70,000
売上原価合計	68,000	260,000	700,000
売上総利益	32,000	140,000	300,000
III 販売費及び一般管理費			
給与	10,000	45,000	93,000
賞与	—	4,000	10,500
法定福利費	1,000	5,000	10,200
家賃	1,000	10,000	20,000
広告宣伝費	1,000	8,000	15,000
交際費	1,000	5,000	10,000
水道光熱費	500	1,000	3,000
旅費交通費	500	2,000	5,000
保険料	500	2,000	3,000
減価償却費	1,000	2,000	6,200
消耗品費	1,000	2,000	6,000
貸倒引当金繰入額	—	—	1,000
賞与引当金繰入額	—	—	10,000
退職給付引当金繰入額	—	—	3,000
雑費	500	2,500	5,000
販売費及び一般管理費合計	18,000	88,500	200,900
営業利益	14,000	51,500	99,100
IV 営業外収益			
受取利息	10	100	200
受取配当金	—	100	200
有価証券売却益	—	—	15,000
為替差益	—	300	500
営業外収益合計	10	500	15,900
V 営業外費用			
支払利息	90	2,000	5,000
為替差損	20	—	—
営業外費用合計	110	2,000	5,000
経常利益	13,900	50,000	110,000
VI 特別利益			
投資有価証券売却益	—	—	500
特別利益合計	—	—	500
VII 特別損失			
固定資産除却損	—	—	500
損害賠償損失	—	—	10,000
特別損失合計	—	—	10,500
税引前当期純利益	13,900	50,000	100,000
法人税・住民税及び事業税	5,600	20,000	45,600
法人税等調整額	—	—	5,600
当期純利益	8,300	30,000	60,000

■（株）はちみつベアー　貸借対照表　(単位：千円)

	第1期	第2期	第3期
（負債の部）			
I 流動負債			
1．支払手形	—	3,000	20,000
2．買掛金	5,000	15,000	40,000
3．短期借入金	—	—	20,000
4．未払金	—	—	500
5．未払費用	—	—	500
6．未払法人税等	5,600	20,000	45,600
7．預り金	—	—	500
8．前受金	—	—	500
9．賞与引当金	—	—	10,000
流動負債合計	10,600	38,000	137,600
II 固定負債			
1．長期借入金	60,000	60,000	140,000
2．社債	—	—	100,000
3．退職給付引当金	—	—	3,000
固定負債合計	60,000	60,000	243,000
負債合計	70,600	98,000	380,600
（純資産の部）			
I 株主資本			
1．資本金	30,000	30,000	110,000
2．資本剰余金			
（1）資本準備金	—	—	20,000
3．利益剰余金			
（1）利益準備金	—	—	100
（2）その他利益剰余金			
①繰越利益剰余金	8,300	38,300	97,200
利益剰余金合計	8,300	38,300	97,300
4．自己株式	—	—	△1,000
株主資本合計	38,300	68,300	226,300
II 評価・換算差額等			
1．その他有価証券評価差額金	—	—	△1,200
評価・換算差額等合計	—	—	△1,200
純資産合計	38,300	68,300	225,100
負債・純資産合計	108,900	166,300	605,700

154

🏺 同じお金を使うなら、売上は多いほうがいい

P144で説明したように、売上高経常利益率と並んで、ROAの数値に影響を与えるのが、**総資本回転率**でしたね。

総資本回転率では、1年間に資産の何倍の売上を上げることができたのかがわかります。これが**高ければ高いほど、資産を有効に使っていることになる**のです。

具体的に考えてみましょう。㈱カフェ・ベアーには、まったく同じ設備、まったく同じ席数で、店の広さもメニューも変わらない街ノ中店と森ノ奥店があります。

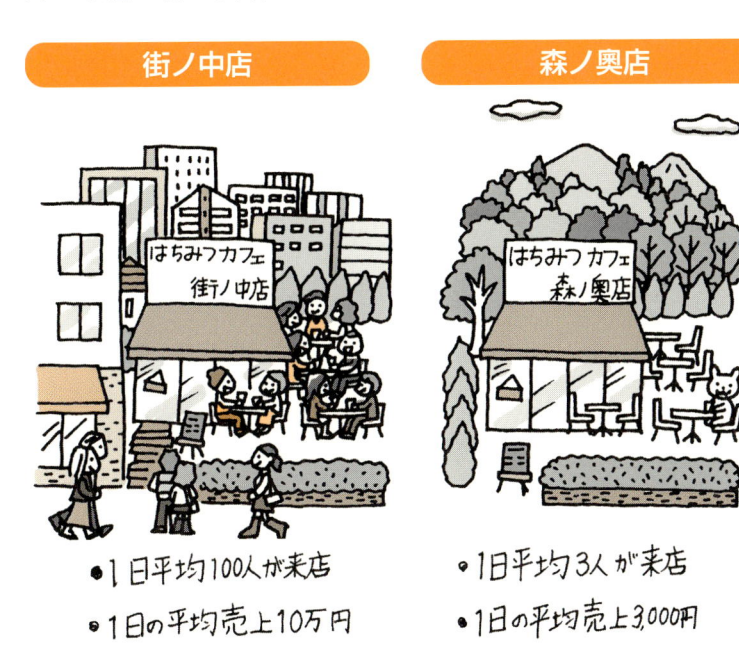

街ノ中店
- 1日平均100人が来店
- 1日の平均売上10万円

森ノ奥店
- 1日平均3人が来店
- 1日の平均売上3,000円

さて、どちらが設備を有効に使っていると思いますか？　もちろん、街ノ中店ですよね。同じようにお金を使っているのなら、売上は多いほうがよいに決まっています。この使ったお金が総資

本（＝資産）です。総資本回転率は次のように出すことができます。

$$\frac{売上高}{総資本} = 総資本回転率$$

　2つの店の総資本は同じ500万円、売上は街ノ中店が年間で3600万円、森ノ奥店が108万円です。
　では、2つの店の総資本回転率を出してみましょう。

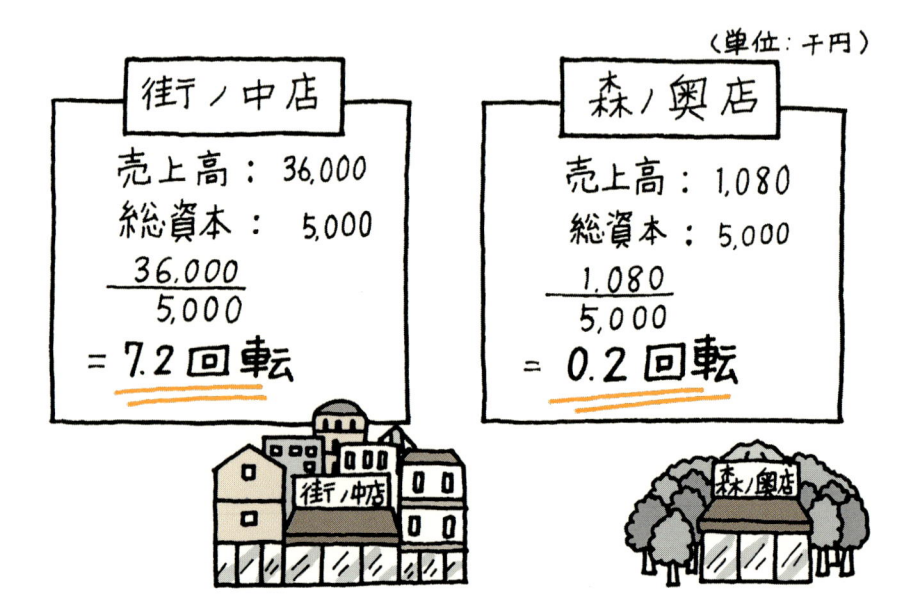

〈単位：千円〉

街ノ中店
売上高：36,000
総資本：5,000
$\frac{36,000}{5,000}$
＝7.2回転

森ノ奥店
売上高：1,080
総資本：5,000
$\frac{1,080}{5,000}$
＝0.2回転

総資本回転率を高めるにはどうしたらいい？

　街ノ中店はともかく、森ノ奥店にとっては恐ろしい数字が出てしまいました。一体どうすれば森ノ奥店は総資本回転率を高めることができるのでしょうか？　分子である売上高を増やすか、分母である総資本（＝資産）を減らせばよいということは、算数でわかりますね。でも、資産を減らす、というのは、なかなか気づきにくい盲点だと思いませんか？

　森ノ奥店の店長は、どうしてお客さんが来ないのか、どうすれば売上を増やすことができるのかばかりを考えてきました。でも、資産を減らす、ということは思いつきませんでした。

　そこで、店長は無駄な資産がないかどうか、考えてみました。たとえば、店には30坪ほどの庭がありますが、有効に使っているとはいえません。街ノ中店はオープン・カフェとして広い庭を有効利用していますが、夏は熱帯のように暑く、冬はシベリアのように寒い森ノ奥店では、外でお茶を飲もうというお客はいません。ところが森から金が採れるため、土地の値段は決して安くはないのです。土地にかかる固定資産税もバカになりません。

　そもそも、森の奥深くにポツンとある森ノ奥店が、周囲にたくさんの人が住んでいる街ノ中店と同じ設備を持っていること自体が、無駄かもしれません。

　店長は、思い切って土地を売り、店を縮小することにしました。売上は以前と変わりません。でも、総資本回転率はずっとよくなりました。さらに、土地を売ったお金で他の店舗をオープンさせて、利益を増やすことに成功しました。

回転率にもいろいろある

さて、先ほどは売上高を資産で割ることで総資本回転率を求めましたが、資産には1年以内に現金化できる流動資産と、1年以内にお金にならない固定資産がありましたね。森ノ奥店は土地を売ることで総資本回転率を高めることができましたが、土地は固定資産です。

このように、資産のなかでも流動資産に問題があるのか、固定資産に問題があるのかで、対処の仕方は変わってきます。どこに問題があるのか調べるために、それぞれの回転率を出すとよいでしょう。計算方法は簡単です。

$$\frac{売上高}{流動資産} = 流動資産回転率$$

$$\frac{売上高}{固定資産} = 固定資産回転率$$

また、流動資産はさらに細かく分析されます。なかでも売上債権回転率と棚卸資産回転率はよく使われるので、次ページからみていきましょう。

収益性⑤ 売上債権回転率

売上代金はしっかり回収できているのだろうか？

PART4 経営分析をしてみよう

使うのはココ！

■ (株)はちみつベアー 損益計算書 (単位:千円)

	第1期	第2期	第3期
I 売上高	100,000	400,000	1,000,000
II 売上原価			
期首商品棚卸高	—	2,000	10,000
当期商品仕入高	70,000	268,000	760,000
期末商品棚卸高	2,000	10,000	70,000
売上原価合計	68,000	260,000	700,000
売上総利益	32,000	140,000	300,000
III 販売費及び一般管理費			
給与	10,000	45,000	93,000
賞与	—	4,000	10,500
法定福利費	1,000	5,000	10,200
家賃	1,000	10,000	20,000
広告宣伝費	1,000	8,000	15,000
交際費	1,000	5,000	10,000
水道光熱費	500	1,000	3,000
旅費交通費	500	2,000	5,000
保険料	500	2,000	3,000
減価償却費	1,000	2,000	6,200
消耗品費	1,000	2,000	6,000
貸倒引当金繰入額	—	—	1,000
賞与引当金繰入額	—	—	10,000
退職給付引当金繰入額	—	—	3,000
雑費	500	2,500	5,000
販売費及び一般管理費合計	18,000	88,500	200,900
営業利益	14,000	51,500	99,100
IV 営業外収益			
受取利息	10	100	200
受取配当金	—	100	200
有価証券売却益	—	—	15,000
為替差益	—	300	500
営業外収益合計	10	500	15,900
V 営業外費用			
支払利息	90	2,000	5,000
為替差損	20	—	—
営業外費用合計	110	2,000	5,000
経常利益	13,900	50,000	110,000
VI 特別利益			
投資有価証券売却益	—	—	500
特別利益合計	—	—	500
VII 特別損失			
固定資産除却損	—	—	500
損害賠償損失	—	—	10,000
特別損失合計	—	—	10,500
税引前当期純利益	13,900	50,000	100,000
法人税・住民税及び事業税	5,600	20,000	45,600
法人税等調整額	—	—	5,600
当期純利益	8,300	30,000	60,000

■ (株)はちみつベアー 貸借対照表 (単位:千円)

	第1期	第2期	第3期
(資産の部)			
I 流動資産			
1. 現金	5,000	5,000	4,000
2. 預金	49,400	46,800	32,500
3. 受取手形	—	5,000	30,000
4. 売掛金	3,000	15,000	80,000
5. 有価証券	—	10,000	5,000
6. 商品	2,000	10,000	70,000
7. 短期貸付金	—	1,000	1,000
8. 前払金	—	—	500
9. 前払費用	—	—	500
10. 繰延税金資産	—	—	4,000
11. 貸倒引当金	—	—	△1,000
流動資産合計	59,400	92,800	226,500
II 固定資産			
1. 有形固定資産			
(1) 土地	20,000	20,000	220,000
(2) 建物	29,000	28,000	118,000
(3) 機械装置	—	—	5,000
(4) 車両	—	2,500	4,000
(5) 工具器具備品	—	2,500	4,500
有形固定資産合計	49,000	53,000	351,500
2. 無形固定資産			
(1) ソフトウェア	—	—	1,300
(2) 電話加入権	500	500	500
(3) 特許権	—	—	1,000
無形固定資産合計	500	500	2,800
3. 投資その他の資産			
(1) 投資有価証券	—	10,000	7,500
(2) 関係会社株式	—	10,000	10,000
(3) 長期貸付金	—	—	4,000
(4) 長期前払費用	—	—	1,000
(5) 繰延税金資産	—	—	2,400
投資その他の資産合計	—	20,000	24,900
固定資産合計	49,500	73,500	379,200
資産合計	108,900	166,300	605,700

売掛金や受取手形はちゃんと現金化されている？

　㈱はちみつベアーでは、商品となるはちみつを養蜂家から買い、それをデパートやはちみつショップ、レストランなどに販売しています。売上代金を受け取ることで、養蜂家からはちみつをまた買うことができるのです。逆にいうと、レストランやデパート、ショップから売上代金を回収できなければ、仕入れを行うことはできません。

　ところが、デパートやショップ、レストランから直接現金で代金を受け取ることはほとんどありません。ツケにしたり、手形を受け取ったりしています。代金の代わりに受け取る手形は受取手形、商品をツケで売ってまだ回収していない代金を売掛金ということは、P105でもお話ししましたね。

　このように、現金ではまだもらっていないけれど、売上代金を受け取る権利があることを**売上債権がある**といいます。

　もし、これらの債権がなかなかお金にならなかったらどうでしょう？　養蜂家にはちみつ代金を支払うことができません。新しいはちみつを仕入れたくても、「先にこの間のはちみつ代金を払ってくれ」と言われてしまいます。いくらデパートやショップからはちみつの注文が入っても肝心の商品がなければ応えられません。商売のチャンスを、失っているのです。

　デパートやショップが、ツケを払わないままつぶれてしまったときは最悪です。代金が回収できず、㈱はちみつベアーも一緒につぶれてしまう可能性もあります。

　ですから、売掛金や受取手形といった債権がきちんと回収できているかどうかをチェックすることが大切なのです。

PART4 経営分析をしてみよう

売上代金が回収できなければ会社はまわらない！

仕入

販売
「マイド〜」「代金は月末で」

代金回収
「ありがとうございます」「今月分です」
→ 回収した代金で再び仕入れ

代金が回収できない
「やっぱり支払い待って」
→ 仕入れができない　仕入れ先への支払いができない

売上債権回転率は、高ければ高いほどよい

　ここで登場するのが、**売上債権回転率**です。売上債権回転率とは、売上債権が売上高に対して妥当な割合かどうか、つまりこうした債権をきちんと現金化できているかどうかをはかる指標で、次のように求めることができます。

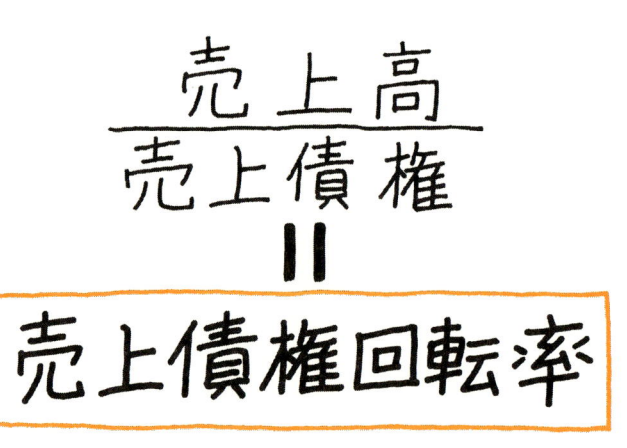

$$\frac{売上高}{売上債権} = \boxed{売上債権回転率}$$

　売上債権回転率は、高ければ高いほどよいといわれています。それでは、さっそく㈱はちみつベアーの売上債権回転率を見てみましょう。

（単位：千円）

第1期
売上高：100,000
売上債権：3,000
〈売掛金〉

$$\frac{100,000}{3,000} = 33.3回転$$

第2期
売上高：400,000
売上債権：5,000＋15,000
（受取手形）（売掛金）

$$\frac{400,000}{20,000} = 20.0回転$$

第3期
売上高：1,000,000
売上債権：30,000＋80,000
（受取手形）（売掛金）

$$\frac{1,000,000}{110,000} = 9.1回転$$

順調　　まずまず　　あれー？

　年を追うごとに売上債権回転率が急速に低下しています。ちょっと問題ですね。そういえば、㈱ねずみレストランは、最近は経営が苦しいのか、なかなかツケを払ってくれません。

　ツケを払ってくれるまで、㈱ねずみレストランとの取引は停止する、またなかなかツケを払ってくれない会社とは、現金取引だけにするなど、対策を考えていかなくてはなりません。

収益性⑥ 棚卸資産回転率

仕入れた商品はちゃんと売れているのだろうか？

使うのはココ！

■（株）はちみつベアー　損益計算書　（単位：千円）

	第1期	第2期	第3期
Ⅰ 売上高	100,000	400,000	1,000,000
Ⅱ 売上原価			
期首商品棚卸高	—	2,000	10,000
当期商品仕入高	70,000	268,000	760,000
期末商品棚卸高	2,000	10,000	70,000
売上原価合計	68,000	260,000	700,000
売上総利益	32,000	140,000	300,000
Ⅲ 販売費及び一般管理費			
給与	10,000	45,000	93,000
賞与	—	4,000	10,500
法定福利費	1,000	5,000	10,200
家賃	1,000	10,000	20,000
広告宣伝費	1,000	8,000	15,000
交際費	1,000	5,000	10,000
水道光熱費	500	1,000	3,000
旅費交通費	500	2,000	5,000
保険料	500	2,000	3,000
減価償却費	1,000	2,000	6,200
消耗品費	1,000	2,000	6,000
貸倒引当金繰入額	—	—	1,000
賞与引当金繰入額	—	—	10,000
退職給付引当金繰入額	—	—	3,000
雑費	500	2,500	5,000
販売費及び一般管理費合計	18,000	88,500	200,900
営業利益	14,000	51,500	99,100
Ⅳ 営業外収益			
受取利息	10	100	200
受取配当金	—	100	200
有価証券売却益	—	—	15,000
為替差益	—	300	500
営業外収益合計	10	500	15,900
Ⅴ 営業外費用			
支払利息	90	2,000	5,000
為替差損	20	—	—
営業外費用合計	110	2,000	5,000
経常利益	13,900	50,000	110,000
Ⅵ 特別利益			
投資有価証券売却益	—	—	500
特別利益合計	—	—	500
Ⅶ 特別損失			
固定資産除却損	—	—	500
損害賠償損失	—	—	10,000
特別損失合計	—	—	10,500
税引前当期純利益	13,900	50,000	100,000
法人税・住民税及び事業税	5,600	20,000	45,600
法人税等調整額	—	—	5,600
当期純利益	8,300	30,000	60,000

■（株）はちみつベアー　貸借対照表　（単位：千円）

	第1期	第2期	第3期
（資産の部）			
Ⅰ 流動資産			
1．現金	5,000	5,000	4,000
2．預金	49,400	46,800	32,500
3．受取手形	—	5,000	30,000
4．売掛金	3,000	15,000	80,000
5．有価証券	—	10,000	5,000
6．商品	2,000	10,000	70,000
7．短期貸付金	—	1,000	1,000
8．前払金	—	—	500
9．前払費用	—	—	500
10．繰延税金資産	—	—	4,000
11．貸倒引当金	—	—	△1,000
流動資産合計	59,400	92,800	226,500
Ⅱ 固定資産			
1．有形固定資産			
（1）土地	20,000	20,000	220,000
（2）建物	29,000	28,000	118,000
（3）機械装置	—	—	5,000
（4）車両	—	2,500	4,000
（5）工具器具備品	—	2,500	4,500
有形固定資産合計	49,000	53,000	351,500
2．無形固定資産			
（1）ソフトウェア	—	—	1,300
（2）電話加入権	500	500	500
（3）特許権	—	—	1,000
無形固定資産合計	500	500	2,800
3．投資その他の資産			
（1）投資有価証券	—	10,000	7,500
（2）関係会社株式	—	10,000	10,000
（3）長期貸付金	—	—	4,000
（4）長期前払費用	—	—	1,000
（5）繰延税金資産	—	—	2,400
投資その他の資産合計	—	20,000	24,900
固定資産合計	49,500	73,500	379,200
資産合計	108,900	166,300	605,700

棚卸資産回転率が低いのは、商品が売れてないから

㈱はちみつベアーでは、養蜂家などからはちみつやローヤルゼリーを仕入れ、それを売ることで利益を上げています。このように、商品の在庫など、販売するために会社が保有しているものを棚卸資産ということは、P 106でも説明しましたね。

仕入れた商品がきちんと売れているかどうか調べるための指標が、**棚卸資産回転率**で、次のように求めることができます。

$$\frac{売上高}{棚卸資産} = 棚卸資産回転率$$

棚卸資産回転率が低いということは、仕入れた商品が売れていないことを示します。これは大きな問題です。商品が売れなければ利益がでないのはもちろん、仕入れた商品がまるまる無駄になってしまいます。

とはいえ、棚卸資産回転率が高ければ高いほどよい、というものではありません。P 106で、在庫は少なすぎてもダメ、ということはお話ししましたね。棚卸資産回転率があまりにも高い場合には、商売のチャンスを逃している可能性もあるのです。

同じ小売業でも回転率は大きく異なる

棚卸資産回転率は、業種によって大きく異なります。たとえば、鮭やイクラを販売する㈱北海ヒグマでは、新鮮なうちに商品を売る必要がありますから、棚卸資産回転率は高くなります。檜を使った高級家具を販売する㈱ウッディ・ベアーは、㈱北海ヒグマよりも棚卸資産回転率は低くなります。

はちみつの賞味期限は短くはありませんが、鮮度の高いはちみつのほうがおいしいので、在庫はそれほど持ちたくありません。㈱はちみつベアーの棚卸資産回転率を求めてみましょう。

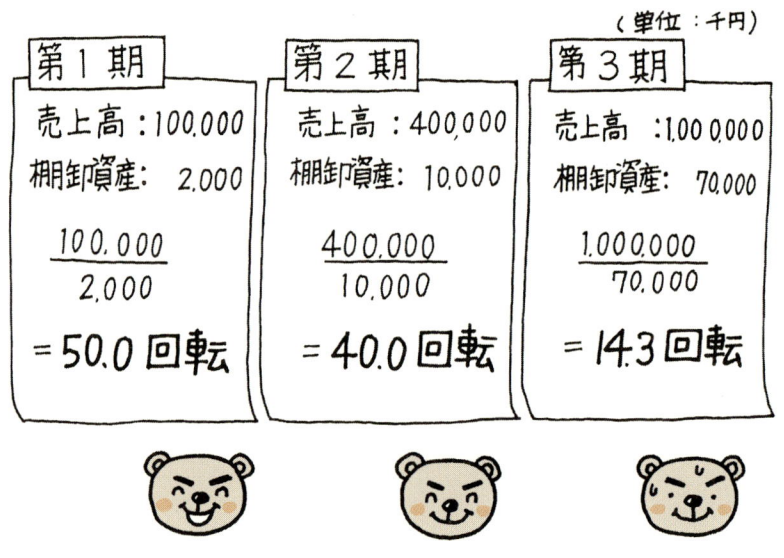

(単位：千円)

第1期
売上高：100,000
棚卸資産：2,000

$$\frac{100,000}{2,000} = 50.0 \text{回転}$$

第2期
売上高：400,000
棚卸資産：10,000

$$\frac{400,000}{10,000} = 40.0 \text{回転}$$

第3期
売上高：1,000,000
棚卸資産：70,000

$$\frac{1,000,000}{70,000} = 14.3 \text{回転}$$

年々低くなっていますね。とくに第3期は急速に低下しています。そういえば、今年大量に仕入れたキャラメルはちみつは、「甘さがしつこい」と評判はイマイチで、売れ行きもよくありませんでした。市場調査をきちんと行って、もっと「売れるもの」を仕入れていかなくてはなりません。

PART4 経営分析をしてみよう

安全性① 自己資本比率

返済の必要のない資金の割合で会社の安全性が見えてくる

使うのはココ！

■ （株）はちみつベアー　貸借対照表　　　　　　　　　　　　　　　　　　　　（単位：千円）

	第1期	第2期	第3期		第1期	第2期	第3期
(資産の部)				**(負債の部)**			
I 流動資産				**I 流動負債**			
1. 現金	5,000	5,000	4,000	1. 支払手形	—	3,000	20,000
2. 預金	49,400	46,800	32,500	2. 買掛金	5,000	15,000	40,000
3. 受取手形	—	5,000	30,000	3. 短期借入金	—	—	20,000
4. 売掛金	3,000	15,000	80,000	4. 未払金	—	—	500
5. 有価証券	—	10,000	5,000	5. 未払費用	—	—	500
6. 商品	2,000	10,000	70,000	6. 未払法人税等	5,600	20,000	45,600
7. 短期貸付金	—	1,000	1,000	7. 預り金	—	—	500
8. 前払金	—	—	500	8. 前受金	—	—	500
9. 前払費用	—	—	500	9. 賞与引当金	—	—	10,000
10. 繰延税金資産	—	—	4,000	流動負債合計	10,600	38,000	137,600
11. 貸倒引当金	—	—	△1,000	**II 固定負債**			
流動資産合計	59,400	92,800	226,500	1. 長期借入金	60,000	60,000	140,000
				2. 社債	—	—	100,000
II 固定資産				3. 退職給付引当金	—	—	3,000
1. 有形固定資産				固定負債合計	60,000	60,000	243,000
(1) 土地	20,000	20,000	220,000	**負債合計**	**70,600**	**98,000**	**380,600**
(2) 建物	29,000	28,000	118,000	**(純資産の部)**			
(3) 機械装置	—	—	5,000	**I 株主資本**			
(4) 車両	—	2,500	4,000	1. 資本金	30,000	30,000	110,000
(5) 工具器具備品	—	2,500	4,500	2. 資本剰余金			
有形固定資産合計	49,000	53,000	351,500	(1) 資本準備金	—	—	20,000
2. 無形固定資産				3. 利益剰余金			
(1) ソフトウェア	—	—	1,300	(1) 利益準備金	—	—	100
(2) 電話加入権	500	500	500	(2) その他利益剰余金			
(3) 特許権	—	—	1,000	①繰越利益剰余金	8,300	38,300	97,200
無形固定資産合計	500	500	2,800	利益剰余金合計	8,300	38,300	97,300
3. 投資その他の資産				4. 自己株式	—	—	△1,000
(1) 投資有価証券	—	10,000	7,500	株主資本合計	38,300	68,300	226,300
(2) 関係会社株式	—	10,000	10,000	**II 評価・換算差額等**			
(3) 長期貸付金	—	—	4,000	1. その他有価証券評価差額金	—	—	△1,200
(4) 長期前払費用	—	—	1,000				
(5) 繰延税金資産	—	—	2,400	評価・換算差額等合計	—	—	△1,200
投資その他の資産合計	—	20,000	24,900				
固定資産合計	49,500	73,500	379,200	**純資産合計**	**38,300**	**68,300**	**225,100**
資産合計	**108,900**	**166,300**	**605,700**	**負債・純資産合計**	**108,900**	**166,300**	**605,700**

会社の安全性には、たくさんの人が注目している

ここまでは、主に「収益性」についてみてきました。ここからは、決算書から読み取れるもう1つの大切な要素「安全性」についてみていきましょう。

安全性の低い会社とは、ズバリ**倒産する可能性が高い会社**です。P32でも説明したように、会社にはさまざまな利害関係者がいます。もし㈱はちみつベアーが倒産したら、㈱はちみつベアーの利害関係者は大変です。

株主は保有する株式の価値がゼロになってしまいますし、銀行は貸したお金を回収できません。養蜂家は代金を払ってもらえなくなりますし、従業員は職を失うかもしれません。学生だって、倒産するかもしれない会社には、就職したくありません。

決算書から、危険な会社を見抜こう！

とはいえ、どんな会社も突然倒産するわけではありません。倒産に至るまでには、さまざまな危険信号を出しているのです。決算書を分析してこの「危険信号」を事前に察知することが大切です。

安全性をはかる指標はいくつかありますが、基本となるのは**支払能力が高いかどうか**です。借りたものをきっちり返す力があれば、安全性の面ではひとまず安心ということができるでしょう。まずは**自己資本比率**についてみていきましょう。

自己資本の割合をチェックする

自己資本比率とは、総資本（＝資産）に占める自己資本（＝純資産－新株予約権－少数株主持分）の割合で、次の式であらわすことができます。

$$\frac{自己資本}{総資本} \times 100 = 自己資本比率$$

純資産というのは、負債とは違って返済の必要のない資金でしたね。純資産から新株予約権や少数株主持分を差し引いた「自己資本」についても同じことがいえます。

つまり、自己資本比率が高いということは、調達した資金のうちでも返済の必要のないものが多いということ、逆に自己資本比率が低いということは、資金調達の多くを、銀行などからの借入金をはじめとした負債に頼っている、ということになります。

みなさんご存じのように、景気はよいときもあれば、悪いときもあります。自己資本比率の低い会社の多くは、多額の借入金を背負っているものですが、景気がよくても悪くても、借りたお金は返していかなくてはなりません。

景気が悪くてただでさえもうからないときに、多額の借入金の返済に追われるのは大変です。不況になれば、銀行だってお金を貸してくれませんし、逆に早く返済するように要求されるかもしれません。自己資本比率の低い会社は、不況を乗り越えるのが大変なのです。
　逆に、自己資本比率が高い会社のほうが、好況、不況の波にのまれにくく、安定した経営を続けていくことができるというわけです。

自己資本比率と収益性は関連しない

　では、自己資本比率の低い会社の株を買ったり、取引をするのは絶対ダメなのかというと、そうとも言い切れません。もちろん、倒産の危険が考えられるほど自己資本比率が低い会社は問題ですが、新たな事業に乗り出したり、設備投資を行うために、一時的に借入金がかさみ、自己資本比率が低くなることはあります。
　借金をせずにリスクをできるだけ回避して安全指向でいくか、借金をしてでも積極的にリスク覚悟で利益を得るチャンスを目指すのかは、経営者の判断にゆだねられているのです。

自己資本比率は40％が目安

　ではここで、㈱はちみつベアーの自己資本比率を計算してみましょう。なお、㈱はちみつベアーには新株予約権や少数株主持分はありません。つまり、「自己資本＝純資産」となりますから、自己資本比率の計算上、分子は純資産を使っています。

（単位：千円）

第1期
純資産： 38,300
総資本：108,900

$$\frac{38,300}{108,900} \times 100$$

= 35.2%

第2期
純資産： 68,300
総資本：166,300

$$\frac{68,300}{166,300} \times 100$$

= 41.1%

第3期
純資産：225,100
総資本：605,700

$$\frac{225,100}{605,700} \times 100$$

= 37.2%

初期投資が
あったからね

まあ
順調だな

新規出店で
積極経営だ！

　去年、新たに直営店をオープンするために銀行からお金を借りたため、ちょっと低くなりましたが、まずまずの数字といえるでしょう。

　自己資本比率は、業種によっても異なりますが、**40%を目安**とします。20％以下になると、ちょっと危険です。

安全性② 流動比率

1年以内に返済するべき負債の資金の目処は立っている？

使うのはココ！

■ (株)はちみつベアー　貸借対照表　　　　　　　　　　　　　　　　　　　　　　(単位:千円)

	第1期	第2期	第3期		第1期	第2期	第3期
(資産の部)				**(負債の部)**			
Ⅰ 流動資産				**Ⅰ 流動負債**			
1．現金	5,000	5,000	4,000	1．支払手形	—	3,000	20,000
2．預金	49,400	46,800	32,500	2．買掛金	5,000	15,000	40,000
3．受取手形	—	5,000	30,000	3．短期借入金	—	—	20,000
4．売掛金	3,000	15,000	80,000	4．未払金	—	—	500
5．有価証券	—	10,000	5,000	5．未払費用	—	—	500
6．商品	2,000	10,000	70,000	6．未払法人税等	5,600	20,000	45,600
7．短期貸付金	—	1,000	1,000	7．預り金	—	—	500
8．前払金	—	—	500	8．前受金	—	—	500
9．前払費用	—	—	500	9．賞与引当金	—	—	10,000
10．繰延税金資産	—	—	4,000	流動負債合計	10,600	38,000	137,600
11．貸倒引当金	—	—	△1,000	**Ⅱ 固定負債**			
流動資産合計	59,400	92,800	226,500	1．長期借入金	60,000	60,000	140,000
				2．社債	—	—	100,000
Ⅱ 固定資産				3．退職給付引当金	—	—	3,000
1．有形固定資産				固定負債合計	60,000	60,000	243,000
(1)土地	20,000	20,000	220,000	**負債合計**	70,600	98,000	380,600
(2)建物	29,000	28,000	118,000	**(純資産の部)**			
(3)機械装置	—	—	5,000	**Ⅰ 株主資本**			
(4)車両	—	2,500	4,000	1．資本金	30,000	30,000	110,000
(5)工具器具備品	—	2,500	4,500	2．資本剰余金			
有形固定資産合計	49,000	53,000	351,500	(1)資本準備金	—	—	20,000
2．無形固定資産				3．利益剰余金			
(1)ソフトウェア	—	—	1,300	(1)利益準備金	—	—	100
(2)電話加入権	500	500	500	(2)その他利益剰余金			
(3)特許権	—	—	1,000	①繰越利益剰余金	8,300	38,300	97,200
無形固定資産合計	500	500	2,800	利益剰余金合計	8,300	38,300	97,300
3．投資その他の資産				4．自己株式	—	—	△1,000
(1)投資有価証券	—	—	7,500	**株主資本合計**	38,300	68,300	226,300
(2)関係会社株式	—	10,000	10,000	**Ⅱ 評価・換算差額等**			
(3)長期貸付金	—	—	4,000	1．その他有価証券評価差額金	—	—	△1,200
(4)長期前払費用	—	—	1,000	評価・換算差額等合計	—	—	△1,200
(5)繰延税金資産	—	—	2,400				
投資その他の資産合計	—	20,000	24,900				
固定資産合計	49,500	73,500	379,200	**純資産合計**	38,300	68,300	225,100
資産合計	108,900	166,300	605,700	**負債・純資産合計**	108,900	166,300	605,700

🏺 1年以内できちんと返済できる？

　安全性を見るための2つ目の指標は、流動比率です。P 101で、資産と負債はそれぞれ流動と固定に分けられる、ということは説明しましたね。1年以内に現金化できるのが流動資産、そうでないのが固定資産、1年以内に返済する必要があるのが流動負債、1年以内に返済する必要がないものが固定負債です。

　流動比率とは、**流動資産に対する流動負債の割合**をあらわす指標です。流動負債は1年以内に返済しなければならないのですから、1年以内で現金化できる流動資産でまかなわなければなりません。流動比率は、以下の式で計算することができます。

$$\frac{流動資産}{流動負債} \times 100 = 流動比率$$

🏺 流動比率は高ければ高いほどよい

　流動比率は高ければ高いほどよいとされ、**200％あれば安全性が高い**といえます。**150％でもまずまずですが、100％を切るのは危険**です。

　そうなれば流動負債を返済するには流動資産では足りず、銀行

からお金を借りたり、固定資産を売ったりしなければならないことを示しているからです。

とはいえ、「流動比率が100％を切ったら絶対に倒産する」というわけではありません。たとえば、スーパーなどの流通業は、毎日お金が入ってきますから、流動比率が100％を下回っていても、資金繰りに大きな問題はありません。業界ごとの特性を押さえた上で分析することが、大切なのです。

ではここで、㈱はちみつベアーの流動比率をみてみましょう。

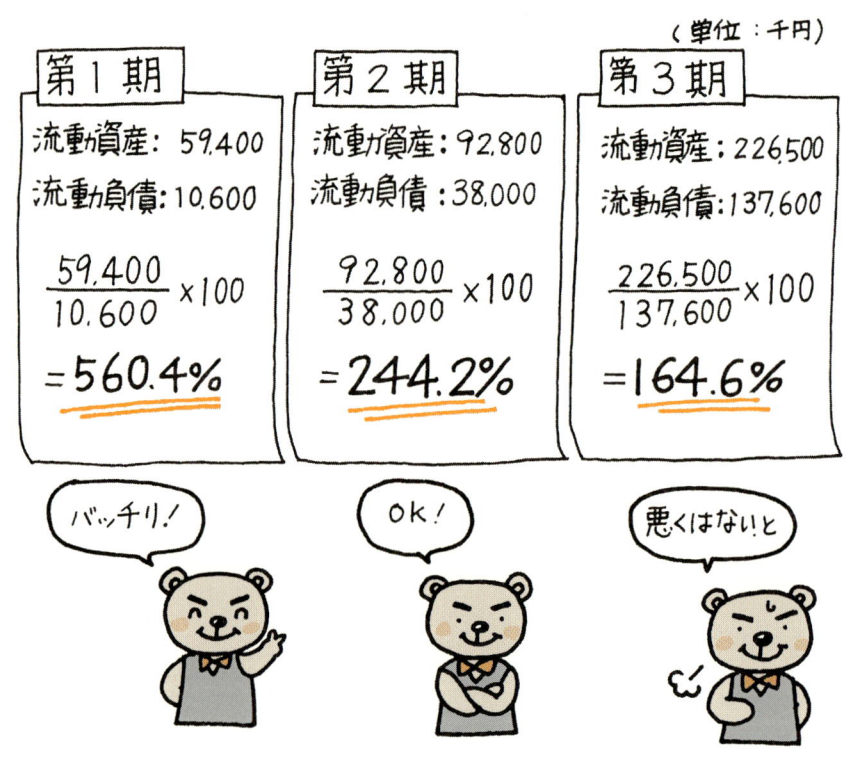

（単位：千円）

第1期
流動資産：59,400
流動負債：10,600

$$\frac{59,400}{10,600} \times 100 = 560.4\%$$

バッチリ！

第2期
流動資産：92,800
流動負債：38,000

$$\frac{92,800}{38,000} \times 100 = 244.2\%$$

OK！

第3期
流動資産：226,500
流動負債：137,600

$$\frac{226,500}{137,600} \times 100 = 164.6\%$$

悪くはないと

多少低下気味ではあるものの、164.6％という数字は、業界的にもまずまずの合格点で、クマ社長も一安心です。

PART4 経営分析をしてみよう

安全性③ 固定比率

固定資産は自己資本でまかなわれていると安心

使うのはココ！

■（株）はちみつベアー　貸借対照表　　　　　　　　　　　　　　　　　　　　　（単位：千円）

（資産の部）	第1期	第2期	第3期	（負債の部）	第1期	第2期	第3期
Ⅰ 流動資産				Ⅰ 流動負債			
1．現金	5,000	5,000	4,000	1．支払手形	—	3,000	20,000
2．預金	49,400	46,800	32,500	2．買掛金	5,000	15,000	40,000
3．受取手形	—	5,000	30,000	3．短期借入金	—	—	20,000
4．売掛金	3,000	15,000	80,000	4．未払金	—	—	500
5．有価証券	—	10,000	5,000	5．未払費用	—	—	500
6．商品	2,000	10,000	70,000	6．未払法人税等	5,600	20,000	45,600
7．短期貸付金	—	1,000	1,000	7．預り金	—	—	500
8．前払金	—	—	500	8．前受金	—	—	500
9．前払費用	—	—	500	9．賞与引当金	—	—	10,000
10．繰延税金資産	—	—	4,000	流動負債合計	10,600	38,000	137,600
11．貸倒引当金	—	—	△1,000	Ⅱ 固定負債			
流動資産合計	59,400	92,800	226,500	1．長期借入金	60,000	60,000	140,000
				2．社債	—	—	100,000
Ⅱ 固定資産				3．退職給付引当金	—	—	3,000
1．有形固定資産				固定負債合計	60,000	60,000	243,000
（1）土地	20,000	20,000	220,000	**負債合計**	**70,600**	**98,000**	**380,600**
（2）建物	29,000	28,000	118,000	（純資産の部）			
（3）機械装置	—	—	5,000	Ⅰ 株主資本			
（4）車両	—	2,500	4,000	1．資本金	30,000	30,000	110,000
（5）工具器具備品	—	2,500	4,500	2．資本剰余金			
有形固定資産合計	49,000	53,000	351,500	（1）資本準備金	—	—	20,000
2．無形固定資産				3．利益剰余金			
（1）ソフトウェア	—	—	1,300	（1）利益準備金	—	—	100
（2）電話加入権	500	500	500	（2）その他利益剰余金			
（3）特許権	—	—	1,000	①繰越利益剰余金	8,300	38,300	97,200
無形固定資産合計	500	500	2,800	利益剰余金合計	8,300	38,300	97,300
3．投資その他の資産				4．自己株式	—	—	△1,000
（1）投資有価証券	—	10,000	7,500	株主資本合計	38,300	68,300	226,300
（2）関係会社株式	—	10,000	10,000	Ⅱ 評価・換算差額等			
（3）長期貸付金	—	—	4,000	1．その他有価証券評価差額金	—	—	△1,200
（4）長期前払費用	—	—	1,000	評価・換算差額等合計	—	—	△1,200
（5）繰延税金資産	—	—	2,400				
投資その他の資産合計	—	20,000	24,900	**純資産合計**	**38,300**	**68,300**	**225,100**
固定資産合計	**49,500**	**73,500**	**379,200**				
資産合計	**108,900**	**166,300**	**605,700**	**負債・純資産合計**	**108,900**	**166,300**	**605,700**

175

固定比率は低いほどよい

　安全性を示す３つ目の指標は、**固定比率**です。これは、固定資産が、返済を要しない自己資本（＝純資産－新株予約権－少数株主持分）でどのくらいまかなわれているかをあらわします。

　固定資産とは、通常１年以内で現金化されない資産でしたね。㈱はちみつベアーの場合でいえば、本社ビルやはちみつショップ、梱包のための機材などがこれにあたります。これらがなければ商売そのものが成り立ちません。ですから、固定資産は返済の必要のない自己資本でまかなわれているのが安心なのです。

　固定比率は、次の式で求めることができます。

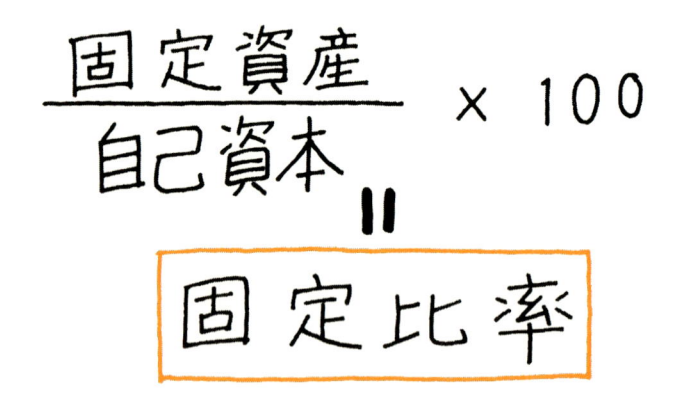

$$\frac{固定資産}{自己資本} \times 100 = 固定比率$$

　固定比率が100％以下であれば、固定資産の全額が自己資本でまかなわれていることになります。**低ければ低いほど安全性が高くなります**。逆に、固定比率が100％を超えている場合は、固定資産の一部が負債でまかなわれていることになり、高ければ高いほどその傾向が高まるために安全性が低くなります。

　さっそく、㈱はちみつベアーの固定比率を調べてみましょう。

なお、㈱はちみつベアーには新株予約権や少数株主持分はなく、「自己資本＝純資産」となりますから、分母は純資産を使って計算します。

（単位：千円）

第1期
固定資産：49,500
純資産：38,300

$$\frac{49,500}{38,300} \times 100 = 129.2\%$$

第2期
固定資産：73,500
純資産：68,300

$$\frac{73,500}{68,300} \times 100 = 107.6\%$$

第3期
固定資産：379,200
純資産：225,100

$$\frac{379,200}{225,100} \times 100 = 168.5\%$$

困った結果が出てしまいました。固定比率が100％を超えています。しかも、年々高くなっています。一体どうしたらよいのでしょう？

固定資産を自己資本でまかなっている会社は少ない

慌てることはありません。たしかに、年々固定比率が増えていることは問題ですが、固定資産の全額を自己資本でまかなっている会社、つまり固定比率が100％以下である会社は少ないのです。

より現実的な指標として、**固定長期適合率**というものを使います。

$$\frac{固定資産}{自己資本 + 固定負債} \times 100 = 固定長期適合率$$

固定比率と異なるのは、分母に固定負債が含まれている点です。固定負債は、1年以内に返済の必要のない負債でしたね。固定資産を全額自己資本でまかなうのは現実的に無理だとしても、早期に返済の必要のない固定負債でまかなわれていればよしとしよう、というものです。

当然、**固定長期適合率が低いほど安全**で、100％以下に収まっている必要があります。**100％を超えている場合は、要注意**です。

さっそく、㈱はちみつベアーの固定長期適合率を出してみましょう。なお、先ほどの固定比率のときと同様、固定長期適合率の計算上の分母には、純資産を使っています。

(単位：千円)

第1期
固定資産：49,500
純資産：38,300
固定負債：60,000

$$\frac{49,500}{38,300+60,000}\times 100$$

$= 50.4\%$

第2期
固定資産：73,500
純資産：68,300
固定負債：60,000

$$\frac{73,500}{68,300+60,000}\times 100$$

$= 57.3\%$

第3期
固定資産：379,200
純資産：225,100
固定負債：243,000

$$\frac{379,200}{225,100+243,000}\times 100$$

$= 81.0\%$

　なんとか100％を切ることができました。クマ社長も一安心です。しかし、固定長期適合率も固定比率と同様、年々増加しています。ちょっと注意が必要ですね。

PERとPBR

割安な株を見つけるための2つの指標

📖 PERは損益計算書を使った指標

　経営分析とはちょっと違いますが、ここで「おトクな株」を見つける指標を2つ紹介しましょう。

　株でもうける基本は、「安く買って、高く売る」です。いくら業績がよい会社でも、すでに高い株価がついているのであれば、その後の値上がりはあまり期待できません。ですから、「業績のわりに株価が安い会社」を見つければよいのです。

　指標の1つは**株価収益率（PER：price earnings ratio)**で、次の式で計算します。

$$\frac{株価}{1株当たり純利益} = \boxed{株価収益率（PER）}$$

　1株当たり純利益は、当期純利益÷発行済株式総数で求めます。

一般的に、**株価収益率の適正水準は20倍**であり、これより低ければ低いほど割安で、高ければ高いほど割高といわれています。ただし、今後高い成長が見込まれる会社のPERは高くなる傾向があります。また、業種や今後の業績の見通しなどによっても適切な水準は変わってきます。

🏺 PBRは貸借対照表を使った指標

　もう1つは、**株価純資産倍率（PBR：price book-value ratio）**です。これは、次の式で計算します。

$$\frac{株価}{1株当たり純資産} = 株価純資産倍率(PBR)$$

　1株当たり純資産は、純資産÷発行済株式総数で求めます。
　1株当たり純資産は、1株あたりの株主の持分をあらわします。**株価純資産倍率が1倍を下回っていれば株価が株主の持分より低い金額になっていることを示します**から、割安だと判断します。
　上場会社であればPERもPBRも、株価情報のホームページや『**会社四季報**』などに掲載されています。この2つだけを判断材料にして株を買うことはすすめられませんが、1つの目安として用いるとよいでしょう。

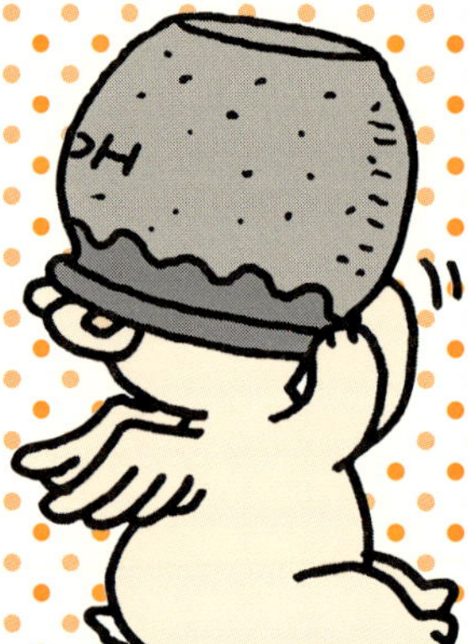

PART 5
キャッシュ・フロー計算書でこんなことがわかる

貸借対照表と損益計算書は、
実際のお金の流れとズレがあります。
キャッシュ・フロー計算書で、
お金の流れをつかんでおきましょう！

あー、どうしよー
困ったな～
ど、どうしたんですか？アオイさん
SNAPのコンサートチケットの振込み期限が今日までなのに、お金がない～
あ、資料整理しなくちゃ
困ったなー
だれか、
さてそろそろ打ち合わせだっけ…
ロッカーの中にもへそくりなんてしてないし…
また無駄遣いしたの？
あ！くま先生！違います～！株を買ったんです！
ニヤニヤ
立派な投資ですよ
あと3カ月もすれば1.5倍になるはず！
200
100
1
2
3
?
でも今売っちゃったら損しちゃうし
弟に貸した3万円も返ってこないし…
う～ん、アオイちゃんもキャッシュ・フローを考えていれば、こんなことにはならなかったのにねえ
キャッシュ・フロー？
どういうこと？

コマ1
「本当はお金がある」と言っても、今使えなければコンサートには行けないよね

これは会社も同じ!

コマ2
いくらもうけや財産があっても

3ヵ月後には必ず!

会社

今日まででしょ

ハイ アウトー

資金が必要なときにお金がなければどうにもならない

会社は赤字になってもすぐには倒産しないけど、資金繰りがつかなくなると倒産しちゃうんだ

コマ3
キャッシュ・フローでお金の流れを把握することが大切なのね

コマ4
そう! だから会社は貸借対照表や損益計算書の他に

お金の流れがわかるキャッシュフロー計算書という書類を作っているんだよ

コマ5
わかりました! これからはお金の流れをしっかり考えます!

ギュッ

コマ6
だから先生

ぐい

コマ7
ちょっとお金貸して〜

だ、ダメです!

キャッシュ・フロー計算書はなぜ必要？

たとえ黒字でも、お金がなければ会社は倒産してしまう！

キャッシュ・フロー計算書はなんのためにある？

　ここまで、損益計算書と貸借対照表、さらにこの2つを使った経営分析についてみてきました。これらがわかれば、決算書入門者としてのゴールは間近です。

　この章では、損益計算書、貸借対照表の次に大切な**キャッシュ・フロー計算書（C／F）**についてみていきましょう。

　キャッシュ・フロー計算書とは、その名のとおり、会社の「キャッシュ」、つまりお金の流れをみるものです。キャッシュ・フロー計算書は、期首から期末にかけてのお金の出入りをあらわしたものですから、**キャッシュ・フロー計算書の「現金及び現金同等物の残高」と貸借対照表の「現金及び預金」はほぼ一致します。**

「お金の流れなんて、損益計算書や貸借対照表でもわかるのでは？」と思われるかもしれませんが、実はこの2つからはお金の流れは一見しただけではわからないのです。

お金の流れはB/SとP/Lだけではわからないんだよね

B/Sの現金・預金とほぼ一致

■（株）はちみつベアー　貸借対照表　(単位:千円)

	第1期	第2期	第3期
（資産の部）			
Ⅰ 流動資産			
1. 現金	5,000	5,000	4,000
2. 預金	49,400	46,800	32,500
3. 受取手形	—	5,000	30,000
4. 売掛金	3,000	15,000	80,000
5. 有価証券	—	10,000	5,000
6. 商品	2,000	10,000	70,000
7. 短期貸付金	—	1,000	1,000
8. 前払金	—	—	500
9. 前払費用	—	—	500
10. 繰延税金資産	—	—	4,000
11. 貸倒引当金	—	—	△1,000
流動資産合計	59,400	92,800	226,500
Ⅱ 固定資産			
1. 有形固定資産			
（1）土地	20,000	20,000	220,000
（2）建物	29,000	28,000	118,000
（3）機械装置	—	—	5,000
（4）車両	—	2,500	4,000
（5）工具器具備品	—	2,500	4,500
有形固定資産合計	49,000	53,000	351,500
2. 無形固定資産			
（1）ソフトウェア	—	—	1,300
（2）電話加入権	500	500	500
（3）特許権	—	—	1,000
無形固定資産合計	500	500	2,800
3. 投資その他の資産			
（1）投資有価証券	—	10,000	7,500
（2）関係会社株式	—	10,000	10,000
（3）長期貸付金	—	—	4,000
（4）長期前払費用	—	—	1,000
（5）繰延税金資産	—	—	2,400
投資その他の資産合計	—	20,000	24,900
固定資産合計	49,500	73,500	379,200
資産合計	**108,900**	**166,300**	**605,700**

■（株）はちみつベアー　キャッシュ・フロー計算書　(単位:千円)

	第1期	第2期	第3期
Ⅰ 営業活動によるキャッシュ・フロー			
税引前当期純利益	13,900	50,000	100,000
減価償却費	1,000	2,000	6,200
受取利息及び配当金	△10	△200	△400
支払利息	90	2,000	5,000
貸倒引当金の増加額	—	—	1,000
賞与引当金の増加額	—	—	10,000
退職給付引当金の増加額	—	—	3,000
有価証券売却益	—	—	△15,000
投資有価証券売却益	—	—	△500
固定資産除却損	—	—	500
損害賠償損失	—	—	10,000
売上債権の減少（△増加）額	△3,000	△17,000	△90,000
棚卸資産の減少（△増加）額	△2,000	△8,000	△60,000
仕入債務の増加（△減少）額	5,000	13,000	42,000
小計	14,980	41,800	11,800
利息及び配当金の受取額	10	200	400
利息の支払額	△90	△2,000	△5,000
損害賠償金の支払額	—	—	△10,000
法人税等の支払額	—	△5,600	△20,000
営業活動によるキャッシュ・フロー	14,900	34,400	△22,800
Ⅱ 投資活動によるキャッシュ・フロー			
有価証券の取得による支出	—	△10,000	—
有価証券の売却による収入	—	—	20,000
投資有価証券の取得による支出	—	△10,000	—
投資有価証券の売却による収入	—	—	1,000
関係会社株式の取得による支出	—	△10,000	—
有形固定資産の取得による支出	△50,000	△6,000	△305,000
無形固定資産の取得による支出	△500	—	△2,500
貸付による支出	—	△1,000	△4,000
投資活動によるキャッシュ・フロー	△50,500	△37,000	△290,500
Ⅲ 財務活動によるキャッシュ・フロー			
短期借入金の純増減額	—	—	20,000
長期借入による収入	60,000	—	80,000
株式の発行による収入	30,000	—	100,000
配当金の支払額	—	—	△1,000
自己株式取得による支出	—	—	△1,000
社債の発行による収入	—	—	100,000
財務活動によるキャッシュ・フロー	90,000	—	298,000
Ⅳ 現金及び現金同等物に係る換算差額	—	—	—
Ⅴ 現金及び現金同等物の増減額	54,400	△2,600	△15,300
Ⅵ 現金及び現金同等物の期首残高	—	54,400	51,800
Ⅶ 現金及び現金同等物の期末残高	54,400	51,800	36,500

1. 現金	5,000	5,000	4,000
2. 預金	49,400	46,800	32,500

Ⅶ現金及び現金同等物の期末残高	54,400	51,800	36,500

ほぼ一致する

PART5　キャッシュ・フロー計算書でこんなことがわかる

会社が黒字でも倒産することがある

㈱ハチミツハッチは小さなはちみつ会社です。若い会社ながらも、秘境から採れるまぼろしのはちみつが大人気。売上は倍々ゲームで加速度的にアップしており、当期の決算も大黒字でした。しかし、なんとわずか数ヵ月後、㈱ハチミツハッチは倒産してしまったのです。

一体、㈱ハチミツハッチに、何が起こったのでしょう？

㈱ハチミツハッチは、驚くべき売上の伸びを見せていましたが、消費者に直接はちみつを売っていたわけではありませんでした。デパートや自然食品のお店に自社の商品を置いてもらっていたのです。

P60で出てきた**発生主義**という言葉を覚えていますか？　お店にはちみつを卸した時点で、㈱ハチミツハッチの損益計算書には利益が計上されます。しかし、実際にお店から代金をもらうの

(株)ハチミツハッチはなぜ倒産した？

■ (株)ハチミツハッチ　損益計算書
(単位：千円)

	第1期	第2期	第3期
Ⅰ 売上高	20,000	80,000	200,000
Ⅱ 売上原価	10,000	45,000	118,000
売上総利益	10,000	35,000	82,000
Ⅲ 販売費及び一般管理費	6,000	20,000	44,000
営業利益	4,000	15,000	38,000
Ⅳ 営業外収益	10	30	50
Ⅴ 営業外費用	510	1,030	2,050
経常利益	3,500	14,000	36,000
税引前当期純利益	3,500	14,000	36,000
法人税・住民税及び事業税	1,400	5,600	14,400
当期純利益	2,100	8,400	21,600

売上高や利益は3年で10倍なのに……

■ (株)ハチミツハッチ　キャッシュ・フロー計算書
(単位：千円)

Ⅰ 営業活動によるキャッシュ・フロー	
税引前当期純利益	36,000
減価償却費	8,000
売上債権の増加額	△60,000
仕入債務の増加額	2,000
その他	△6,400
小計	△20,400
法人税等の支払額	△5,600
営業活動によるキャッシュ・フロー	△26,000
Ⅱ 投資活動によるキャッシュ・フロー	
有形固定資産の取得による支出	△10,000
有形固定資産の売却による収入	20,000
投資有価証券の売却による収入	10,000
投資活動によるキャッシュ・フロー	20,000
Ⅲ 財務活動によるキャッシュ・フロー	
短期借入金の純増減額	△20,000
長期借入金の返済による支出	△20,000
財務活動によるキャッシュ・フロー	△40,000
Ⅳ 現金及び現金同等物に係る換算差額	—
Ⅴ 現金及び現金同等物の減少額	△46,000
Ⅵ 現金及び現金同等物の期首残高	48,000
Ⅶ 現金及び現金同等物の期末残高	2,000

本業でキャッシュ減少

借入返済でキャッシュ減少

キャッシュがない!!

PART5　キャッシュ・フロー計算書でこんなことがわかる

は、数ヵ月先であり、キャッシュはすぐに入ってきません。

にもかかわらず、㈱ハチミツハッチは、秘境のはちみつハンターに、すぐに代金を払わなければならなかったのです。若い会社である㈱ハチミツハッチの社長には貯金はほとんどなく、銀行も必要なお金を追加で貸してくれませんでした。そして㈱ハチミツハッチははちみつハンターに代金を支払うことができず、**資金繰りがつかなくなり、倒産してしまった**のです。

資金繰りがつかなくなったとき、会社は倒産する

このように、会社が黒字なのに倒産してしまうことを、**黒字倒産**といいます。「勘定合って銭足らず」です。

会社というのは、黒字だから倒産しない、赤字だから倒産する、というものではありません。仕入代金や経費が払えなくなったとき、つまり資金繰りがつかなくなってしまったときに、倒産するのです。よく「手形が落ちなかった」「不渡りが出た」といいますが、これはお金がなくて手形代金の支払いができなかった、ということです。

こうしたケースは、㈱ハチミツハッチのような小さな会社でよく見られます。ですから利益だけを見るのではなく、キャッシュ・フロー計算書でお金の流れを見ることが、非常に重要なのです。

現在、キャッシュ・フロー計算書の提出が義務づけられているのは上場企業だけですが、上場企業でなくとも、キャッシュ・フロー計算書でお金の流れを把握しておくことが大切です。

🏺 お金の流れは、ごまかしがきかない！

　キャッシュ・フロー計算書には、もう1つ損益計算書や貸借対照表にはない利点があります。**ごまかしがきかない**ことです。こんなふうに言うと、「損益計算書と貸借対照表はごまかせるの？」と、びっくりする方もいるかもしれません。

　そうなんです。実は、損益計算書や貸借対照表は、比較的簡単に操作することができるのです。

　たとえば、決算日時点での在庫の金額を、実際の金額より多く計上してしまえば、その分だけ売上原価が減り、結果として利益が増えます。また、売り上げていない商品を売り上げたことにしても、利益を増やすことができます。いわゆる**粉飾決算**です。

　ところが、お金の流れは、そう簡単にごまかすことができません。キャッシュ・フロー計算書は、取引先や株主など、会社に関わる人にとって、信頼のおける決算書ということができるのです。

キャッシュ・フローには3つある

まずはお金の増減を 3つの要因に分けよう

🏺 キャッシュ・フロー計算書を見てみよう

キャッシュ・フロー計算書は大きく3つに分かれています。

◆**営業活動によるキャッシュ・フロー（営業ＣＦ）**

会社の営業活動によって生じるお金の流れです。損益計算書の営業利益に相当し、合計額は多いほどよいとされています。

◆**投資活動によるキャッシュ・フロー（投資ＣＦ）**

固定資産や投資有価証券の購入や売却、定期預金の預入や解約などによって生じるお金の流れです。建物や梱包用の機械の購入などはマイナス、投資目的で買った株の売却などはプラスで記されます。成長を目指す会社や、大きな設備投資を必要とする業種はマイナスになる傾向があります。

◆**財務活動によるキャッシュ・フロー（財務ＣＦ）**

資金の調達や返済によって生じるお金の流れです。銀行からお金を借りたらプラスに、返済したらマイナスになります。また、増資などで株主などから新たに出資を受けた場合もプラスです。合計額は借入金の返済によりマイナスになるほうがよいとされていますが、プラスであっても増資など返済不要な資金を調達した結果であれば問題ありません。

キャッシュ・フローは3つに分けられる

■（株）はちみつベアー　キャッシュ・フロー計算書
（単位：千円）

	第1期	第2期	第3期	
Ⅰ 営業活動によるキャッシュ・フロー				
税引前当期純利益	13,900	50,000	100,000	
減価償却費	1,000	2,000	6,200	
受取利息及び配当金	△10	△200	△400	
支払利息	90	2,000	5,000	
貸倒引当金の増加額	—	—	1,000	
賞与引当金の増加額	—	—	10,000	
退職給付引当金の増加額	—	—	3,000	
有価証券売却益	—	—	△15,000	
投資有価証券売却益	—	—	△500	
固定資産除却損	—	—	500	
損害賠償損失	—	—	10,000	
売上債権の減少（△増加）額	△3,000	△17,000	△90,000	
棚卸資産の減少（△増加）額	△2,000	△8,000	△60,000	
仕入債務の増加（△減少）額	5,000	13,000	42,000	営業CF
小計	14,980	41,800	11,800	
利息及び配当金の受取額	10	200	400	
利息の支払額	△90	△2,000	△5,000	
損害賠償金の支払額	—	—	△10,000	
法人税等の支払額	—	△5,600	△20,000	
営業活動によるキャッシュ・フロー	**14,900**	**34,400**	**△22,800**	
Ⅱ 投資活動によるキャッシュ・フロー				
有価証券の取得による支出	—	△10,000	—	
有価証券の売却による収入	—	—	20,000	
投資有価証券の取得による支出	—	△10,000	—	
投資有価証券の売却による収入	—	—	1,000	
関係会社株式の取得による支出	—	△10,000	—	
有形固定資産の取得による支出	△50,000	△6,000	△305,000	投資CF
無形固定資産の取得による支出	△500	—	△2,500	
貸付による支出	—	△1,000	△4,000	
投資活動によるキャッシュ・フロー	**△50,500**	**△37,000**	**△290,500**	
Ⅲ 財務活動によるキャッシュ・フロー				
短期借入金の純増減額	—	—	20,000	
長期借入による収入	60,000	—	80,000	
株式の発行による収入	30,000	—	100,000	
配当金の支払額	—	—	△1,000	財務CF
自己株取得による支出	—	—	△1,000	
社債の発行による収入	—	—	100,000	
財務活動によるキャッシュ・フロー	**90,000**	—	**298,000**	
Ⅳ 現金及び現金同等物に係る換算差額	—	—	—	
Ⅴ 現金及び現金同等物の増減額	54,400	△2,600	△15,300	
Ⅵ 現金及び現金同等物の期首残高	—	54,400	51,800	
Ⅶ 現金及び現金同等物の期末残高	**54,400**	**51,800**	**36,500**	

損益計算書の営業利益に相当する → 営業活動によるキャッシュ・フロー

貸借対照表の「現金及び預金」とほぼ一致 → 現金及び現金同等物の期末残高

PART5　キャッシュ・フロー計算書でこんなことがわかる

営業キャッシュ・フロー

本業でいくらお金を増やしているかが大事

見るのはココ！

■ (株)はちみつベアー　キャッシュ・フロー計算書　(単位:千円)

	第1期	第2期	第3期
I 営業活動によるキャッシュ・フロー			
税引前当期純利益	13,900	50,000	100,000
減価償却費	1,000	2,000	6,200
受取利息及び配当金	△10	△200	△400
支払利息	90	2,000	5,000
貸倒引当金の増加額	—	—	1,000
賞与引当金の増加額	—	—	10,000
退職給付引当金の増加額	—	—	3,000
有価証券売却益	—	—	△15,000
投資有価証券売却益	—	—	△500
固定資産除却損	—	—	500
損害賠償損失	—	—	10,000
売上債権の減少(△増加)額	△3,000	△17,000	△90,000
棚卸資産の減少(△増加)額	△2,000	△8,000	△60,000
仕入債務の増加(△減少)額	5,000	13,000	42,000
小計	14,980	41,800	11,800
利息及び配当金の受取額	10	200	400
利息の支払額	△90	△2,000	△5,000
損害賠償金の支払額	—	—	△10,000
法人税等の支払額	—	△5,600	△20,000
営業活動によるキャッシュ・フロー	14,900	34,400	△22,800
II 投資活動によるキャッシュ・フロー			
有価証券の取得による支出	—	△10,000	—
有価証券の売却による収入	—	—	20,000
投資有価証券の取得による支出	—	△10,000	—
投資有価証券の売却による収入	—	—	1,000
関係会社株式の取得による支出	—	△10,000	—
有形固定資産の取得による支出	△50,000	△6,000	△305,000
無形固定資産の取得による支出	△500	—	△2,500
貸付による支出	—	△1,000	△4,000
投資活動によるキャッシュ・フロー	△50,500	△37,000	△290,500
III 財務活動によるキャッシュ・フロー			
短期借入金の純増減額	—	—	20,000
長期借入による収入	60,000	—	80,000
株式の発行による収入	30,000	—	100,000
配当金の支払額	—	—	△1,000
自己株式取得による支出	—	—	△1,000
社債の発行による収入	—	—	100,000
財務活動によるキャッシュ・フロー	90,000	—	298,000
IV 現金及び現金同等物に係る換算差額	—	—	—
V 現金及び現金同等物の増減額	54,400	△2,600	△15,300
VI 現金及び現金同等物の期首残高	—	54,400	51,800
VII 現金及び現金同等物の期末残高	54,400	51,800	36,500

本業でどのくらいのお金を獲得できた？

　営業キャッシュ・フローは、会社が**本業によってどれだけキャッシュ、つまりお金を獲得することができたか**をあらわしています。会社が利益を獲得する方法はいろいろありますが、やはり本業でもうけることが大切です。

　営業活動によるキャッシュ・フローの計算方法には**直接法**と**間接法**の2つがあります。ほとんどの場合、間接法によって計算されていますので、ここでは間接法にそって説明していきましょう。

　営業キャッシュ・フローの**一番上には、税引前当期純利益**が記載されます。これに、各項目をプラス、マイナスして営業キャッシュ・フローを求めます。

　たとえば、以下のような項目を調整します。

営業キャッシュ・フローの主な項目

- **税引前当期純利益**：一番上にくる
- **減価償却費**：実際にお金が出て行くわけではないので損益計算書に計上した減価償却費の金額をプラスする
- **売上債権**：売上債権（受取手形や売掛金）が増えるとその分手元のお金が減る。増加はマイマス、減少はプラス
- **棚卸資産**：棚卸資産が増えた分だけお金が減っている。増加はマイナス、減少はプラス
- **仕入債務**：仕入債務（買掛金や支払手形）が増えると手元のお金が増える。増加はプラス、減少はマイナス

PART5　キャッシュ・フロー計算書でこんなことがわかる

営業キャッシュ・フローは営業利益に相当する

　営業キャッシュ・フローは、**損益計算書でいえば営業利益に相当**します。損益計算書の利益とお金の流れは一致しませんが、受取手形は期日になればお金になりますし、ツケ払いも期日までには支払います。多少のタイムラグはあるものの、損益計算書の営業利益と、営業キャッシュ・フローには、それほど差がでないのが普通です。

　営業キャッシュ・フローが営業利益よりも大きく下回る場合には、売上債権が回収できていない、棚卸資産（在庫）ばかりが増えて売上が伸びていない、などの理由が考えられます。

営業キャッシュ・フローは多ければ多いほどよい

　営業キャッシュ・フローが多ければ、株主に多くの配当を渡したり、さらなる事業の発展のための投資を行うこともできます。営業キャッシュ・フローは、多ければ多いほどよいのです。

　営業キャッシュ・フローがマイナスになるのには、次の２つの原因が考えられます。

①本業でまったくもうかっていない
②仕入などにより出て行くお金が、売上代金回収によって入ってくるお金に追いつかない

　①の場合は、たいてい損益計算書の営業利益もマイナスになっており、注意が必要ですが、マイナスになったから「ダメな会社」というものではありません。とくに浮き沈みの激しい業界では、

営業CFの＋、－が意味するものは？

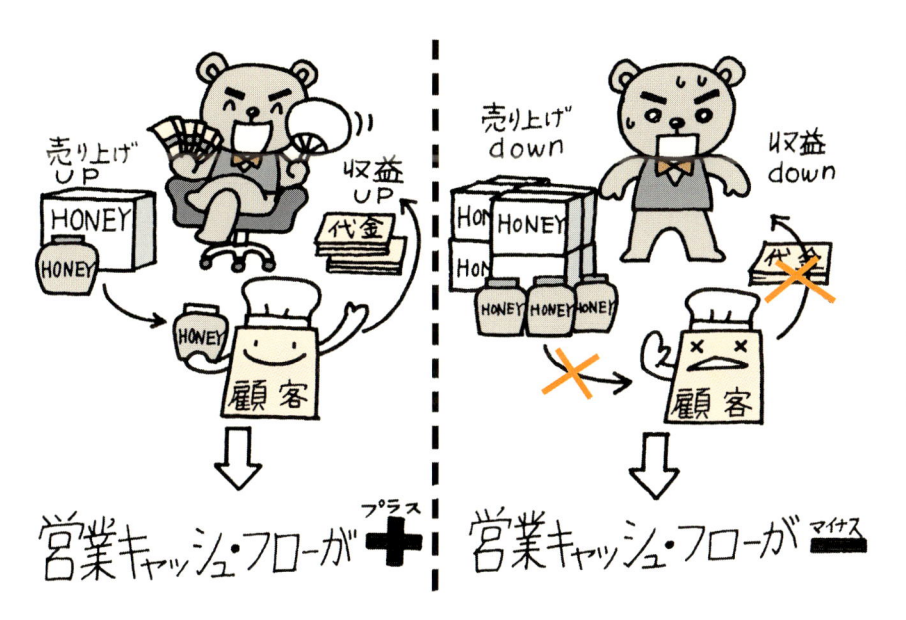

ある年だけ業績が悪く、営業キャッシュ・フローがマイナスになってしまうことがよくあります。3〜4期くらいの営業キャッシュ・フローを比べて、数年間の動きをみた上で判断しましょう。営業キャッシュ・フローが年々減っている場合は、危険です。

②の場合は、損益計算書の営業利益はプラスになっています。この場合は、資金の調達先さえしっかり確保していれば、当面は問題にはなりません。ただし、お金がどんどん流出しているのは事実ですから、売上代金を早く回収しないと、P188の㈱ハチミツハッチのようになってしまうかもしれません……。

投資キャッシュ・フロー

投資活動によるキャッシュ・フローはマイナスでもOK

■ (株)はちみつベアー　キャッシュ・フロー計算書　(単位:千円)

	第1期	第2期	第3期
I 営業活動によるキャッシュ・フロー			
税引前当期純利益	13,900	50,000	100,000
減価償却費	1,000	2,000	6,200
受取利息及び配当金	△10	△200	△400
支払利息	90	2,000	5,000
貸倒引当金の増加額	―	―	1,000
賞与引当金の増加額	―	―	10,000
退職給付引当金の増加額	―	―	3,000
有価証券売却益	―	―	△15,000
投資有価証券売却益	―	―	△500
固定資産除却損	―	―	500
損害賠償損失	―	―	10,000
売上債権の減少(△増加)額	△3,000	△17,000	△90,000
棚卸資産の減少(△増加)額	△2,000	△8,000	△60,000
仕入債務の増加(△減少)額	5,000	13,000	42,000
小計	14,980	41,800	11,800
利息及び配当金の受取額	10	200	400
利息の支払額	△90	△2,000	△5,000
損害賠償金の支払額	―	―	△10,000
法人税等の支払額	―	△5,600	△20,000
営業活動によるキャッシュ・フロー	14,900	34,400	△22,800
II 投資活動によるキャッシュ・フロー			
有価証券の取得による支出	―	△10,000	―
有価証券の売却による収入	―	―	20,000
投資有価証券の取得による支出	―	△10,000	―
投資有価証券の売却による収入	―	―	1,000
関係会社株式の取得による支出	―	△10,000	―
有形固定資産の取得による支出	△50,000	△6,000	△305,000
無形固定資産の取得による支出	△500	―	△2,500
貸付による支出	―	△1,000	△4,000
投資活動によるキャッシュ・フロー	△50,500	△37,000	△290,500
III 財務活動によるキャッシュ・フロー			
短期借入金の純増減額	―	―	20,000
長期借入による収入	60,000	―	80,000
株式の発行による収入	30,000	―	100,000
配当金の支払額	―	―	△1,000
自己株式取得による支出	―	―	△1,000
社債の発行による収入	―	―	100,000
財務活動によるキャッシュ・フロー	90,000	―	298,000
IV 現金及び現金同等物に係る換算差額	―	―	―
V 現金及び現金同等物の増減額	54,400	△2,600	△15,300
VI 現金及び現金同等物の期首残高	―	54,400	51,800
VII 現金及び現金同等物の期末残高	54,400	51,800	36,500

見るのはココ！

将来の利益のためには投資が必要

　キャッシュ・フロー計算書の2番目の項目は、投資活動によるキャッシュ・フローです。その名のとおり、**投資活動に関するお金の出入り**をあらわしています。

　㈱はちみつベアーでは、新たに梱包のための機材やはちみつショップを購入しました。購入した、ということはお金が出ていったということです。有形固定資産の購入をマイナスで記します。

　一方で、持っていた株の一部を売却しました。お金が入ってきたので、有価証券の売却をプラスで記します。

投資キャッシュ・フローの主な項目

- **有価証券**：購入した場合はマイナス、売却した場合はプラス
- **有形固定資産**：購入した場合はマイナス、売却した場合はプラス

成長を続ける会社はマイナスになる

　投資キャッシュ・フローはマイナスになるのが普通です。会社は常に、将来の利益を得るために、ライバル会社に差をつけられないように投資を続けなければならないからです。

　投資キャッシュ・フローがプラスになる場合、普通は売却することのない土地や株を売却したと考えられます。売上の悪い店舗を閉鎖して売却すれば、投資キャッシュ・フローはプラスになりますが、これは事業が縮小傾向にあることを意味します。成長を

投資CFの＋、－ が意味するものは？

投資キャッシュ・フローが ＋

投資キャッシュ・フローが －

続ける会社は積極的に設備投資を行いますから、投資キャッシュ・フローはマイナスになるのです。

　ある年に限って投資キャッシュ・フローがプラスになるのであればあまり問題はありませんが、プラスの状態が続いている場合は、要注意です。本来は売るべきでない土地や建物、株式を売らなければお金が足りなくなっているのかもしれません。

　また、業種によってもマイナスの度合いは異なります。一般的にメーカーなど、大規模な工場を持つ必要のある会社では大きなマイナスになりますが、小売業など、設備投資がそれほど必要とされない会社では、マイナスの度合いは小さくなります。

会社が自由に使える「フリー・キャッシュ・フロー」

　本業で稼いだお金のうち、投資にまわしてもまだ余っているものを、**フリー・キャッシュ・フロー**と呼びます。

　計算の方法はいくつかありますが、「営業活動によるキャッシュ・フロー＋投資活動によるキャッシュ・フロー」によって求めるのが、もっともわかりやすいでしょう。

　フリー・キャッシュ・フローは名前のとおり、会社が自由に使うことができます。借金を返すもよし、株主への配当金にしてもよし、事業拡大を狙って他社を買収してもよし、です。フリー・キャッシュ・フローは、会社が今後成長していくために非常に重要です。

　といっても、フリー・キャッシュ・フローがマイナスの会社のすべてが悪い会社、というわけではありません。フリー・キャッシュ・フローが少ない、あるいはマイナスである理由を分析した上で、判断しましょう。

財務キャッシュ・フロー

会社はどのくらいお金を調達したり返したりした？

■ (株)はちみつベアー　キャッシュ・フロー計算書　（単位:千円）

	第1期	第2期	第3期
I 営業活動によるキャッシュ・フロー			
税引前当期純利益	13,900	50,000	100,000
減価償却費	1,000	2,000	6,200
受取利息及び配当金	△10	△200	△400
支払利息	90	2,000	5,000
貸倒引当金の増加額	—	—	1,000
賞与引当金の増加額	—	—	10,000
退職給付引当金の増加額	—	—	3,000
有価証券売却益	—	—	△15,000
投資有価証券売却益	—	—	△500
固定資産除却損	—	—	500
損害賠償損失	—	—	10,000
売上債権の減少(△増加)額	△3,000	△17,000	△90,000
棚卸資産の減少(△増加)額	△2,000	△8,000	△60,000
仕入債務の増加(△減少)額	5,000	13,000	42,000
小計	14,980	41,800	11,800
利息及び配当金の受取額	10	200	400
利息の支払額	△90	△2,000	△5,000
損害賠償金の支払額	—	—	△10,000
法人税等の支払額	—	△5,600	△20,000
営業活動によるキャッシュ・フロー	14,900	34,400	△22,800
II 投資活動によるキャッシュ・フロー			
有価証券の取得による支出	—	△10,000	—
有価証券の売却による収入	—	—	20,000
投資有価証券の取得による支出	—	△10,000	—
投資有価証券の売却による収入	—	—	1,000
関係会社株式の取得による支出	—	△10,000	—
有形固定資産の取得による支出	△50,000	△6,000	△305,000
無形固定資産の取得による支出	△500	—	△2,500
貸付による支出	—	△1,000	△4,000
投資活動によるキャッシュ・フロー	△50,500	△37,000	△290,500
III 財務活動によるキャッシュ・フロー			
短期借入金の純増減額	—	—	20,000
長期借入による収入	60,000	—	80,000
株式の発行による収入	30,000	—	100,000
配当金の支払額	—	—	△1,000
自己株式取得による支出	—	—	△1,000
社債の発行による収入	—	—	100,000
財務活動によるキャッシュ・フロー	90,000	—	298,000
IV 現金及び現金同等物に係る換算差額	—	—	—
V 現金及び現金同等物の増減額	54,400	△2,600	△15,300
VI 現金及び現金同等物の期首残高	—	54,400	51,800
VII 現金及び現金同等物の期末残高	54,400	51,800	36,500

見るのはココ！

借入金や社債などによるお金の動きがわかる

　キャッシュ・フロー計算書の３番目は、財務活動によるキャッシュ・フローです。金融機関からの借り入れや返済、株式や社債の発行、社債の償還（返済）、配当金の支払など、財務活動に関するお金の出入りを記入します。

財務キャッシュ・フローの主な項目

- **短期借入金**：借り入れた場合はプラス、返済した場合はマイナス
- **長期借入金**：借り入れた場合はプラス、返済した場合はマイナス
- **株式の発行**：発行した場合はプラス
- **自己株式取得**：取得した場合はマイナス
- **社債**：発行した場合はプラス、償還した場合はマイナス

財務活動に関するお金の流れがわかるのだ！

財務CFの＋、－ が意味するものは？

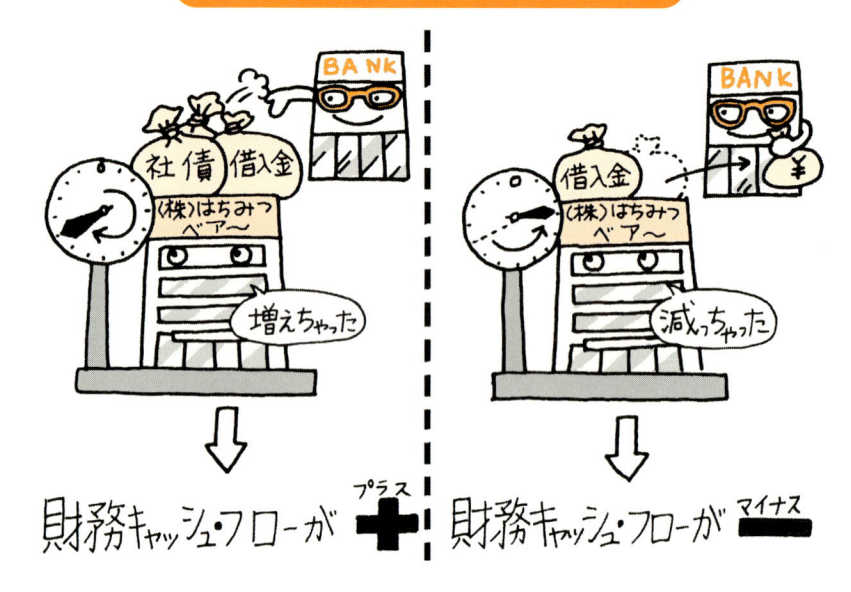

財務キャッシュ・フローが ＋　｜　財務キャッシュ・フローが －

営業・投資ＣＦと合わせて総合的に判断する

　財務キャッシュ・フローのマイナスは、一般に借入金や社債などの返済が進んでいることをあらわします。逆に、プラスの場合、借入金などが増えていることが多いものです。

　しかし、マイナスはよくてプラスはダメというわけではありません。たとえば、財務キャッシュ・フローがプラスであっても、投資キャッシュ・フローがマイナスであれば、積極的な設備投資のために資金を調達したと考えられます。

　また、「営業キャッシュ・フロー＋投資キャッシュ・フロー」の額よりも財務キャッシュ・フローのマイナスが大きい場合は、会社全体のお金が減っていることになります。これだけで危険であるとはいえませんが、今後の動向には注意が必要です。

まとめ

キャッシュ・フロー計算書でよい会社を見分けよう！

🫙 キャッシュ・フロー計算書の見方のポイント

　ここまで3つのキャッシュ・フローについてみてきましたが、キャッシュ・フロー計算書の読み方はわかりましたか？　ポイントをまとめると、次のようになります。

◆営業キャッシュ・フローはプラスでなければならない（急成長している会社を除く）
◆投資キャッシュ・フローは普通マイナスになる（プラスの場合はその理由に注意）
◆財務キャッシュ・フローは他の2つのキャッシュ・フローとの兼ね合いで判断する

　3つのキャッシュ・フローを単独でみて、プラスだからよい、マイナスだから悪いと判断するのではなく、3つすべてのキャッシュ・フローを使って分析するのがよいでしょう。
　また、損益計算書や貸借対照表と同様に、過去何年かの動きを見比べるのも大切です。

キャッシュ・フロー計算書を使った分析方法

㈱ねずみチーズ 良好？

営業CF ＋　**投資CF ＋**　**財務CF ＋**

■**分析**：本業でキャッシュを獲得しているものの、固定資産を売却し、借入金も増えているのが気がかり。

㈱うし牛乳 良好

営業CF ＋　**投資CF ＋**　**財務CF －**

■**分析**：本業でキャッシュを獲得し、借入金も圧縮している。投資ＣＦのプラスが多少気になるが、問題となるケースは少ない。

㈱とらバター 良好

営業CF ＋　**投資CF －**　**財務CF ＋**

■**分析**：本業でキャッシュを獲得しているが、投資資金が営業ＣＦの＋だけでは補えないため、借入をしてまかなっている。将来の収益のために積極的に投資を行っている「前向きな資金需要」なので財務ＣＦは＋でも問題なし。

㈱うさぎハウス 要注意

営業CF －　**投資CF ＋**　**財務CF ＋**

■**分析**：本業でキャッシュが流出してお金が不足しているので固定資産売却や借入で当面をしのいだ。この状態が続いたら要注意。

㈱たつ宝石　理想的！

営業CF ＋　　**投資CF －**　　**財務CF －**

■**分析**：本業で十分なキャッシュを獲得して設備投資をし、さらに余ったお金で借入金の圧縮をはかっている。理想的な状態。

㈱へび鞄　ちょっと危険

営業CF －　　**投資CF ＋**　　**財務CF －**

■**分析**：本業でキャッシュが流出し、固定資産を売却してお金を捻出したが、そのお金で借入を返さなければならない状態。危険度が高まっている。

㈱うまステーキ　要注意

営業CF －　　**投資CF －**　　**財務CF ＋**

■**分析**：本業でキャッシュが流出してしまったため、仕方なく借入れをして当面をしのいだ状態。この状況が続くと要注意。

㈱ひつじ毛布　危険！

営業CF －　　**投資CF －**　　**財務CF －**

■**分析**：本業でキャッシュが流出した上、お金に替えられる資産もなく、銀行からお金を借りるどころか返さなくてはならない三重苦状態。資金不足で倒産する危険大。

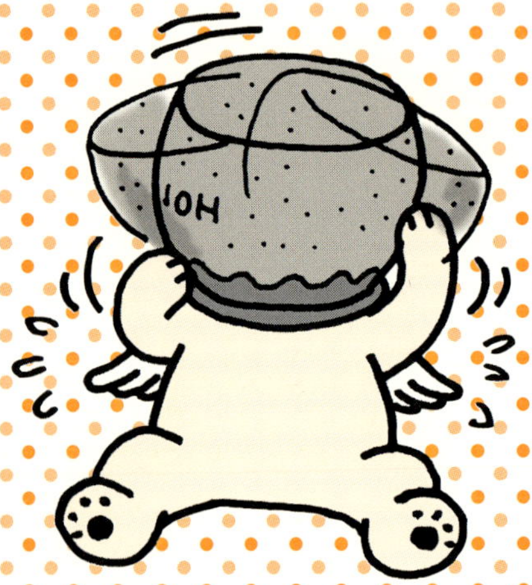

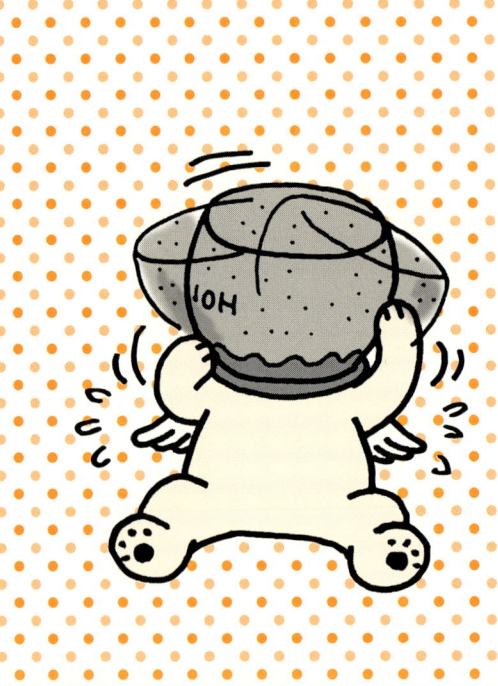

エピローグ

決算書が読めるとこんなにすごい！

決算書の基本は、身につきましたか？
決算書が読めるようになると、
仕事ができるようになり、
世界が大きく広がります。
「もっと知りたい！」と思った人は、
上を目指して勉強してみるのも
よいでしょう。

社長室
ウロ
ハ〜
ウロ
フン フ〜ン
あら、デッペイくん
あ！アオイさん
どうしたの？こんな所で
実は社長室に呼ばれちゃって…
え〜なにやらかしたのよー
わかりませんよ
あれ？ところでアオイさんそれ？
あ、これ？
株のほうも調子がいいのよ
株でもうかっちゃって
決算書が読めるようになってから
いーなー
じゃ、がんばってねー
あ〜〜1人にしないで〜
よし！
コン コン
失礼します！
営業のデッペイです
うむ

これを書いたのはキミだね？
あ
パサッ
経営改善提案書
うちの会社ってこうなんだ
ふ〜ん
決算書
ここと ここをこうしたらもっと成長しそうだよなー
カタ
カタ
課長、レポート書いてみたんですが…
あ、そう 見とくよ
まさか社長にまで回るとは…
ハイ、すみません…あの、会社を批判するつもりでは…
ダンッ
すばらしい！
我社にこんな立派な経営分析ができる人間がいるとは！
提案書見せてもらったよ
この改善案ぜひ実現させよう！
はい！ありがとうございます！
達成のあかつきにはボーナスをどんと出そう！
クスッ
これでテッペイ君もデキる社員の仲間入りですね！
次はあなたの番ですよ！

200×年〇月△日
営業部　池田テッペイ

経営改善提案書

提案趣旨
貸借対照表、損益計算書、キャッシュ・フロー計算書をもとに我社の問題点を分析し、次期以降の業務に活かしていきたく、ここにご提案させていただきます。

分析1：収益性の観点

○収益性を示す指標であるROA（総資本経常利益率）が第3期において以下の通り低下しているため、次期以降ROAの改善を目指す。

　　　　第1期：12.8%　　第2期：30.1%　　第3期：18.2%

【原因】
① 売上高経常利益率の低下
　　　第1期：13.9%　　第2期：12.5%　　第3期：11.0%

② 売上債権回転率の低下
　　　第1期：33.3回転　　第2期：20.0回転　　第3期：9.1回転

③ 棚卸資産回転率の低下
　　　第1期：50.0回転　　第2期：40.0回転　　第3期：14.3回転

【対策】
＜原因①の観点から＞
・仕入れ価格を見直し、価格の引き下げを図る。
・販売費及び一般管理費のうち、交際費、広告宣伝費など、削減可能なものは積極的に削減をする。
・借入金の早期返済を行い、借入金の利息支払額を減少させる。

＜原因②の観点から＞
・売掛金など売上債権の回収が滞っている先に対して回収を徹底させる。
・売上債権の回収が滞るおそれのある得意先に対してはできる限り現金取引にて対応する。
・売上債権を回収するまでの期間を短縮するため、売掛金支払期日や手形期日の見直しを行う。

＜原因③の観点から＞
・売れ筋商品をそろえ、滞留在庫をかかえないようにする。

・在庫を必要最低限の水準におさえる。

分析2．安全性の観点
○固定比率、固定長期適合率が悪化傾向にあるため、改善を図る。

【原因】

第3期において、借入や社債発行により本社ビルや店舗として使用する土地・建物を取得したため以下のように固定比率や固定長期適合率の数値が悪化した。

（固定比率）
第1期：129.2%　　第2期：107.6%　　第3期：168.5%

（固定長期適合率）
第1期：50.4%　　第2期：57.3%　　第3期：81.0%

【対策】

・借入金（特に返済期間が短いもの）に頼った資金調達は極力避け、社債発行や増資など、長期安定した資金調達方法を行う。

・固定比率や固定長期適合率は、増資や社債発行などの長期安定した方法により資金調達を行ったとしても、固定資産の取得金額が大きければ上昇する。今後は、土地・建物などの固定資産が本当に必要なものかどうかをよく見極め、自己所有でなくとも賃借にて対応できるものについては賃借として、固定資産の不必要な増加を抑える。

分析3．キャッシュ・フロー計算書からの観点
○営業活動によるキャッシュ・フローがマイナスとなっているため、プラスになるように改善させる必要がある。

会社が急成長する過程において、営業活動によるキャッシュ・フローがマイナスになることは珍しくないが、資金が流出していることは事実である。

【原因】

第3期において、会社の急速な成長にともなって、売上債権や棚卸資産の額が大幅に増加したため。

【対策】

・営業活動によるキャッシュ・フローのマイナスを補うために資金の借り入れや社債発行に頼ると、結果として利払い負担や借入返済の負担が重くなり、財政状態悪化につながり、倒産の可能性も高まる。したがって、できるだけ増資など、将来返済の必要のない資金を調達することを心がける。

・売上債権や棚卸資産の増加は結果としてキャッシュの流出をもたらす。したがって、売上債権の回収を強化して滞留債権をなくし、さらに、不必要な在庫を持たないようにする。

おわりに

　いかがでしたか？　決算書の知識は身につきましたか？「決算書って、意外とおもしろいかも！」。そんなふうに感じてくれた人がいたら、とてもうれしく思います。

　決算書の知識ゼロだったテッペイくんは、立派な経営分析ができるまでに成長しました。彼はもう、「給料が安い」と嘆くだけの、受け身の社員ではありません。決算書によって、仕事に対する姿勢まで変わってしまったのです。

　アオイちゃんの株式投資も、今のところ順調なようです。会社の収益性や安全性を知ることで、よりよい銘柄選びができるようになったのでしょう。

　本書の内容が理解できれば、入門レベルはクリアです。ぜひあなたの仕事や生活に、決算書の知識を役立ててください。自分の会社の強みや弱み、これから解決していくべき課題など、決算書の数字のなかには、会社をよりよくするためのヒントが詰まっています。

　とはいえ、「決算書」の世界は奥深いものです。本書で紹介しきれなかった内容も数多くあります。「もっと知りたい！」という人は、さらに勉強を進めてみてください。

　経理関係の仕事をしている人であれば、「簿記」について勉強してみるのもよいでしょう。簿記がわかると、会社で毎日行われ

ている1つひとつのやり取りが、どのように損益計算書や貸借対照表に記載されているのかがよくわかります。

　経営分析の理解を深めたければ、まずは実際の企業の決算書の数値を使って、本書で紹介した指標を出してみてください。自分の会社や取引先、ライバル会社を分析すると、思わぬ発見があるかもしれません。経営者や経営幹部を目指す人のための決算書の本もたくさんあります。経営分析をテーマにした書籍なら、より詳細な指標を知ることができます。

　株式投資に興味のある人なら、ぜひ本書を片手に『会社四季報』や投資したい会社の決算書を読んでみてください。

　さらに決算書を極めたい、という人は、公認会計士や税理士といった資格にチャレンジしてみるのもよいでしょう。

　本書で決算書の基礎を身につけたあなたなら、あとは土台の上に知識と実践を積み重ねていくだけです。

**　さあ、決算書であなたの世界を広げていってください！**

【著者紹介】
足立　武志（あだち・たけし）

● ── 公認会計士、税理士、ファイナンシャル・プランナー（AFP）。足立公認会計士事務所代表。
● ── 1975年生まれ。神奈川県出身。一橋大学商学部経営学科卒業。監査法人トーマツ、小谷野公認会計士事務所、平野会計事務所に勤務。
● ── 公認会計士としての視点を生かした決算書の読み方や、株式投資にも生かせる決算書の活用法についてのポイントを絞った明快な説明・解説には定評がある。株式投資・資産運用等に関するセミナー講師や執筆活動なども精力的に行っている。
● ── 著書に『すぐできる！　らくらくネット株入門』（高橋書店）、『はじめての人のFX入門塾』（かんき出版）、『それは失敗する株式投資です！』（日本経済新聞出版社）がある。

〈検印廃止〉

はじめての人の決算書入門塾

2007年4月16日　第1刷発行
2009年9月1日　第7刷発行

著　者 ── 足立　武志 ⓒ
発行者 ── 境　健一郎
発行所 ── 株式会社かんき出版
　　　　　東京都千代田区麹町4-1-4西脇ビル　〒102-0083
　　　　　電話　営業部：03（3262）8011（代）　総務部：03（3262）8015（代）
　　　　　　　　編集部：03（3262）8012（代）　教育事業部：03（3262）8014（代）
　　　　　FAX　03（3234）4421　振替　00100-2-62304
　　　　　http://www.kankidirect.com/
印刷所 ── ベクトル印刷株式会社

乱丁・落丁本は小社にてお取り替えいたします。
ⓒTakeshi Adachi 2007 Printed in JAPAN
ISBN978-4-7612-6425-3 C0034